허준

글 박석준

이 책을 쓴 박석준 선생님은 서강대학교 경제학과를 졸업한 뒤 3대째 내려오는 가업을 잇기 위해 대전대학교 한의대에 들어가 공부하고 경희대학교에서 박사학위를 받았습니다. 부친인 박인상 선생님의 가르침 아래 동의과학연구소를 운영하면서 한의학과 철학을 함께 공부했습니다. 호서대학교와 대구한의대학교에서 학생들을 가르쳤고, 지금은 동의과학연구소 소장, 들꽃피는한의원 원장으로 있으면서 환자를 보고 있습니다. 동의과학연구소의 연구원들과 함께 《동의보감》을 우리말로 오롯이 번역하는 데 힘을 쏟고 있습니다. 또한 민족의학연구원에서 《동의본초도감》을 펴내는 일을 맡아보고 있습니다. 《동의보감 : 내경편》, 《동의보감 : 외형편》을 번역했고, 《몸》을 펴냈습니다.

허준 세계 최초로 성홍열을 치료한 조선 의사

처음 찍은 날 | 2013년 4월 10일
처음 펴낸 날 | 2013년 4월 15일

지은이 | 박석준

펴낸이 | 김태진
펴낸곳 | 도서출판 다섯수레
등록일자 | 1988년 10월 13일
등록번호 | 제 3-213호
주소 | 경기도 파주시 문발동 파주출판도시
        500-12 (우 413-832)
전화 | 02)3142-6611(서울 사무소)
팩스 | 02)3142-6615
홈페이지 | www.daseossure.co.kr

ⓒ 박석준, 2013

ISBN 978-89-7478-378-5 44990
ISBN 978-89-7478-334-1(세트)

■ 이 도서의 국립중앙도서관 출판시도서목록(CIP)은 e-CIP홈페이지(http://www.nl.go.kr/ecip)와
  국가자료공동목록시스템(http://www.nl.go.kr/kolisnet)에서 이용하실 수 있습니다.
  (CIP제어번호: 2013001943)

■ 그림 게재를 허락해 주신 모든 분께 감사드립니다. 저작권자와 연락이 닿지 않아
  허락을 구하지 못한 그림에 대해서는 확인되는 대로 적법한 절차를 따르겠습니다.

세계 최초로 성홍열을
치료한 조선 의사

허준

박석준 지음

다섯수레

우리는 허준에 대해 얼마나 알고 있을까요? 우리가 허준과《동의
보감》에 대해 알고 있는 많은 것은 소설이나 드라마에 바탕을 두고
있습니다. 그런데 그 내용 중에는 사실과 다른 부분이 많습니다. 이
런 문제가 생긴 것은 허준에 관한 기록이 많이 남아 있지 않기 때문
입니다. 허준은 서자였고, 오늘날과 달리 좋은 대우를 받지 못한 의
사였기에 그에 대한 기록이 적은 것입니다. 그러나 오늘날의 관점에
서 과거의 일을 재단하여 없던 일까지 지어내는 것은 옳지 않습니
다. 대표적인 예가 허준이 스승을 해부했다는 것입니다. 허준이 해
부를 했다는 기록도 없지만 당시 허준은 해부할 필요가 전혀 없었
습니다.

허준은《동의보감》편찬뿐만 아니라 세계 의학사에서 매우 중요한
일을 했습니다. 허준이 전염병이 거세게 퍼진 현장에 뛰어들어 성홍
열을 치료한 1613년은, 영국 의사 토마스 시드넘이 성홍열에 대한 정
확한 기록을 남긴 1676년보다 60년이나 앞섭니다. 허준은 성홍열의
증상뿐만 아니라 원인과 치료법, 예방법까지 기록해 놓았습니다. 이
것은 세계 전염병 역사에서 획기적인 사건입니다. 이외에도 허준은

의학 서적을 정리하고, 의학을 대중화하는 데 큰 업적을 남겼습니다.

그러나 허준은 우리가 생각하듯 항상 위대한 영웅의 모습은 아니었고, 그에 대한 당시의 평가도 칭찬만 있던 것은 아닙니다. 어려서부터 배우기를 좋아하여 경전과 사서에 통달했다는 칭찬도 있지만 어리석고 미련하며 교만했다는 이야기도 있습니다. 이런 평가는 허준이 높은 지위에 올라갈수록 더욱 심해졌습니다.

《동의보감》에 대한 평가도 엇갈립니다. 어떤 이는《동의보감》을 이전까지의 중국 의서를 정리한 것에 불과하다고 보는 반면, 어떤 이는 완벽한 것이므로 한 글자도 바꾸어서는 안 된다고 이야기합니다.

이 모든 것을 인정한다고 해도 허준이 살아온 과정을 보면 참으로 집념에 가득 찬 삶이었습니다. 그가 남긴 업적은 상상을 뛰어넘는 의지와 노력으로 가능한 일이었습니다. 바로 이것이 조선 시대를 살다 간 의사 허준이 현재를 사는 우리에게 주는 메시지입니다.

우리는 앞으로 허준의 삶을 더듬어 가면서 그만이 아니라 조선이라는 사회와 그 시대 사람들을 이해할 수 있을 것입니다. 또한 한의학이 무엇인지도 알게 될 것입니다. 아무쪼록 필자가 안내하는 허준의 삶이 여러분의 삶을 돌아보는 거울이 될 수 있다면 더 바랄 것이 없겠습니다.

지은이 박석준

차례 contents

서자로 태어나다

오늘날 허준이라는 이름과 《동의보감》에 대해서는 많은 사람이 알고 있습니다. 그러나 얼마 전까지만 해도 허준이 언제, 어디에서 태어났는지 어머니가 누구인지 알지 못했습니다. 그만큼 허준에 대한 자료와 연구가 부족합니다. 허준이 태어난 지 500년이 지나서야 밝혀진 바에 의하면 그는 1539년 허론과 영광 김씨 사이에서 태어났습니다. 태어난 곳은 경기도 양천이라는 이야기도 있지만 파주일 가능성이 가장 큽니다. 허준의 어머니는 양반인 김욱짐의 서녀로 태어나 허론의 첩이 되었기 때문에 허준 역시 서자(庶子)가 되었습니다.

우리나라에서 서자에 대한 차별은 조선이 세워지면서 나라의 법을 정한 《경국대전》에서 서자를 조정에 등용하는 데 제약을 둔 다음부터 시작되었습니다. 이런 차별 또한 처음에는 그다지 심하지 않았는데 조선 후기로 가면 매우 심해집니다. 허준은 조선 중기에 태어났습니다. 따라서 허준이 어렸을 때는 서자이기 때문에 받는 차별이 심하지 않았습니다. 더욱이 허준의 어머니는 몸종과 같은 천한 신분이 아니라 양첩(良妾, 양민의 신분으로 첩이 된 사람)이었기 때문에 나중에 허준이 출세하는 데에도 조선 후기에 비하면 상대적으로 제약이 적었습니다. 그러나 일단 서자이기 때문에 적자(嫡子)에 비해 사회적 제약을 받을 수밖에 없었고, 허준이 출세를 거듭할수록 엄청난 비난과 공격에 시달려야 했습니다.

내의원(內醫院)에 들어가 매우 박식하다는 평가를 받은 것으로 보아, 허준은 비교적 평온한 집안 분위기에서 충분한 교육을 받은 것으로 보입니다. 《이향견문록》에서 허준이 사서삼경(四書三經)뿐만 아니라 역사서에도 밝았다고 했습니다. 조선 시대에 양반이라면 누구나 사서삼경을 읽었다고 생각하기 쉽지만 그렇지 않습니다. 사서삼경이 중요한 경전으로 자리 잡은 것도 대체적으로 허준 시대에 와서입니다. 또한 그 시대의 양반이라도 사서 정도만 읽을 뿐 역사서까지 읽는 경우는 많지 않았습니다. 역사서는 사서삼경을 공부한 뒤, 공부를 많이 한 사람만이 읽는 책이었습니다. 이런 점에서 보면 허준의 학식은 매우 높았습니다.

허준의 가문은 무사(武士) 집안이지만 허공, 허웅, 허종, 허지 같은 뛰어난 의사가 많이 배출되었습니다. 그리고 외가인 영광 김씨 집안에도 당대의 대학자이면서 의학에도 조예가 깊은 김안국과 김정국 형제가 있었습니다. 허준이 젊어서부터 명의(名醫)로 이름을 떨칠 수 있던 데에는 이런 집안 배경이 있었습니다. 허준이 어린 시절, 어떤 교육을 어떻게 받았는지 알려진 바가 거의 없지만 그가 학문적으로 이루어 낸 성과를 바탕으로 되짚어 보면 윤곽을 잡을 수 있습니다.

　　허준은 20대 초반에 명의로 이름을 날립니다. 그러려면 적어도 스무 살 이전에 상당한 수준의 공부를 한 것이지요. 오늘날에도 한자를 배우고《소학》에서 시작하여 사서삼경까지 마치려면 최소한 10년이 걸리고, 여기에 의학까지 배우려면 10년 이상의 시간이 더 필요합니다. 그러므로 허준이 그런 실력을 갖추려면 적어도 6, 7세부터는 공부를 본격적으로 시작했을 것입니다. 이는 당시 양반 자제들이 공부를 시작하는 일반적인 나이기도 합니다.

　　허준은 이런 유학(儒學)의 기본적인 공부와 더불어 10대 중반부터는 도교(道教)를 배웠습니다. 도교는 한의학의 바탕이 되는 사상입니다. 특히 허준이 편찬한《동의보감》은 도교의 의학 서적이라고 할 정도로 도교 색채가 짙습니다. 허준이 단순히 중국 의학을 답습하지 않고 독창적인 체계를 갖춘《동의보감》을 완성할 수 있었던 것은 뛰어난 의술만이 아니라 이처럼 한의학의 바탕이 되는 도교와 유학에 정통했기 때문에 가능했습니다.

허준의 외가 쪽으로 의학에 뛰어난 인물이 많았다는 점과 나중에 내의원에 들어갈 때 그를 천거(薦擧, 시험을 거치지 않고 어떤 자리에서 일할 수 있도록 사람을 추천하는 일)한 유희춘의 고향이 전라도라는 점을 고려하면, 허준의 공부는 그의 외가인 전라도를 중심으로 이루어졌음을 알 수 있습니다.

오늘날과 달리 허준이 살던 때는 연고(緣故)가 없는 곳에서는 아무것도 할 수 없었습니다. 연고 없이는 먹고살 수도 없었습니다. 그래서 조선 시대에는 죄를 지으면 감옥에 가두기도 했지만 아무 연고가 없는 먼 곳에서 살게 하는 '유배(流配)'라는 벌을 내렸습니다. 교통도 불편했지만 그 지역을 벗어나지 못했기 때문에 유배는 거의 죽음에 가까운 형벌이었습니다. 연고를 나쁘게 생각하기 쉽지만 조선 시대는 가문이라는 연고를 중심으로 구성된 사회였기 때문에 연고는 불가피할 뿐만 아니라 살아가는 데 꼭 필요한 것이기도 했습니다. 왜냐하면 조선은 개인의 능력보다는 가문이라는 집단을 더 중요시한 사회였기 때문입니다.

의학을 택하다

　허준이 살던 시대에 적자들은 높은 관직까지 오를 수 있었지만 그럴 수 없던 서자들은 대부분 기술을 배워 출세하는 길을 택했습니다. 그중 통역을 담당하던 역관(譯官, 오늘날의 외교관)과 의사에 해당하는 의관(醫官)이 인기 있었습니다. 역관과 의관은 점차 성장하여 조선 후기에는 사회적으로 영향력을 크게 미쳤고, 근대에 들어와서도 세력이 이어져 오늘날까지도 힘을 발휘하고 있습니다.

　어학이나 의학 기술은 하루아침에 얻기 어렵습니다. 오랜 시간에 걸친 수련이 필요할 뿐만 아니라 기술 자체가 생계의 중요한 수단이므로 남에게 함부로 알려 주지 않았습니다. 그래서 아버지와 아들처럼 밀접한 사이에서 기술이 전해졌습니다. 이렇게 남모르게 전해지는 기술이나 처방을 '비방(秘方)'

이라고 합니다. 고대 그리스의 히포크라테스 선서에는 스승에게 배운 기술을 다른 사람에게 알려 주지 말라고 적혀 있습니다.

허준은 의관의 길을 택했습니다. 그가 의관이 되기로 결심한 데에는 외가의 영향이 컸습니다. 외가 친척 중에 5촌 당숙인 김안국과 그의 동생 김정국이 있습니다. 김안국은 허준이 내의원에 들어가는 데 결정적인 역할을 한 미암 유희춘의 스승입니다. 김안국은 의학에 조예가 깊어 《분문온역이해방》을 편찬하였고, 김정국은 《촌가구급방》을 편찬했습니다. 이 두 책은 허준에게 매우 중요한 영향을 미칩니다. 《분문온역이해방》은 전염병을 치료하는 전문 서적이고, 《촌가구급방》은 민간요법을 정리한 책입니다. 허준이 뒷날 전염병에 뛰어난 업적을 남기고, 《동의보감》에 다양한 민간요법을 담을 수 있었던 데에는 이러한 배경이 있었습니다.

허준은 10대의 대부분을 어머니의 고향인 전라도에서 보냈습니다. 그리고 이 과정에서 유희춘과 인연을 맺게 됩니다. 유희춘은 전라남도 해남에서 태어났습니다. 그가 태어난 집 뒤에 눈썹처럼 생긴 바위가 있어 '미암(眉巖, 눈썹바위)'이라는 호를 썼습니다. 그는 선조가 어렸을 때 교육을 담당했고, 이후 선조의 신임을 얻어 허준을 천거할 수 있었습니다. 유희춘은 일상생활을 기록한《미암일기》를 남겼습니다.《미암일기》에는 허준에 관한 이야기도 나오는데, 어린 시절의 이야기는 나오지 않습니다. 만일 어린 시절 이야기가 나온다면 우리는 허준에 대해 더 많이 알 수 있을 것입니다.

유희춘은 학식이 높을 뿐만 아니라 암기 능력도 뛰어났습니다. 웬만한 책은 다 외워 오로지 암기에 의존하여 책을 다시 쓸 수 있을 정도였습니다. 허준 역시 암기에 뛰어났는데,《동의보감》편찬에 가장 중요한 자료로 활용한《의방유취》

《미암일기》

유희춘은 홍문관원, 전라감사 등을 지냈고 양재역 벽서 사건에 관련되어 유배되었다가 복권되는 등 파란만장한 삶을 살았습니다. 그래서 《미암일기》에는 당시의 중요한 정치적 사건들이 자세하게 쓰여 있습니다. 이 책은《선조실록》을 편찬할 때, 전쟁으로 없어진 사료를 복원하는 데 기초가 되었을 만큼 정확한 기록으로 인정받고 있습니다. 게다가 당시의 생활상을 자세하게 묘사하고 있어 역사 연구의 중요한 자료가 됩니다. 담양의 모현관에 보관되어 전해지고 있습니다.

가 임진왜란을 거치면서 없어진 사정과 연관이 있습니다. 무엇보다도 허준이 많은 의서를 암기했다고 볼 수 있는 근거는 《동의보감》에서 다른 의서를 인용하는 방식이나 내용을 보면 대부분의 의서를 외우지 않으면 불가능했기 때문입니다.

《동의보감》에 인용한 문헌들을 살펴보면, 허준이 원서에서 직접 인용한 부분도 있지만 상당 부분은 《의방유취》에서 재인용한 것임을 알 수 있습니다. 그런데 《의방유취》는 임진왜란 때 약탈당하고 대부분 불타 버렸습니다. 《동의보감》 집필은 전쟁 이전에 시작되었지만 틀만 잡아 놓은 정도여서 본문의 내용을 채우지 못한 상태였습니다. 그러므로 허준이 《의방유취》를 외우고 있었음을 알 수 있습니다.

전쟁이 끝나자 《동의보감》 편찬에 참여한 사람들이 대부분 없어져 버렸습니다. 내의원의 우두머리 의사 양예수는 늙어서 은퇴한 뒤 고향으로 돌아갔고, 정작은 산으로 들어가 버려 허준 혼자 남게 되었습니다. 선조는 감춰 두었던 500여 권의 의서를 허준에게 내주며 혼자라도 계속 《동의보감》을 편찬하라고 명합니다. 선조에게 받은 의서를 참고할 수 있었지만 《동의보감》의 많은 내용은 허준의 암기에 의해 쓰였습니다.

조선 시대의 기록 문화

　우리는 조선 시대의 기록 문화가 얼마나 치밀하고 정확한지 미처 모르고 있습니다. 병인양요 때 프랑스에 약탈당했다가 얼마 전에 반환된 외규장각 도서가 대표적인 예입니다. 그중 《의궤》는 매우 소중합니다. '의궤'는 국가에서 행한 의식을 기록한 것으로, 언제 어디서 무엇을 했는지를 비롯해 행사에 참가한 사람, 의식에 쓰인 그릇, 심지어 음식을 담는 방법까지 실었습니다. 특히 임금의 행차에는 누가 제일 앞에 서고 그다음에 누가 섰는지까지 적어 놓았습니다. 세계 어디에도 이렇게 자세한 기록은 찾아볼 수 없습니다. 더욱이 이를 아름다운 그림으로 그려 남기기까지 했습니다. 이를 '행차도'라고 하는데, 그 자체로 하나의 예술입니다. 우리가 잘 아는 단원 김홍도도 행차도를 그렸습니다.

　허준의 출생 연도를 알게 된 것도 〈태평회맹도〉 덕분입니다. 이 병풍 그림은 임진왜란이 끝나고 전쟁 중에 임금을 모시고 의주로 피난

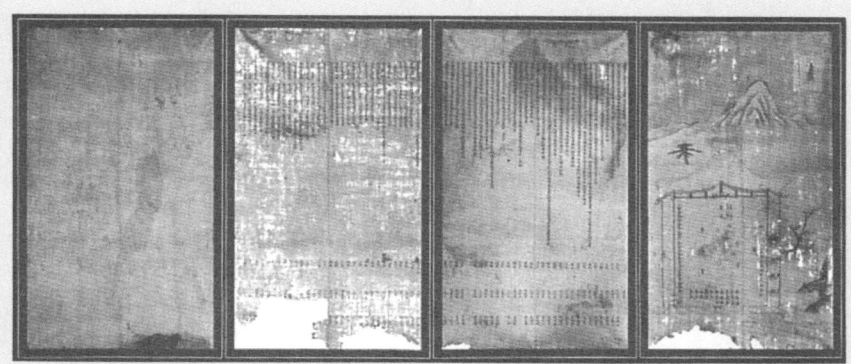

〈태평회맹도〉 임진왜란 때 선조와 함께 의주로 피난 갔던 신하들의 이름, 본관, 출생 연도 등이 적혀 있는 4폭 채색 병풍입니다. 각 220×104㎝ ⓒ 국립진주박물관

할 때 함께했던 신하들을 위로하는 자리를 그린 것입니다. 이 그림에 허준이 태어난 해가 1539년이라고 쓰여 있습니다.

우리의 찬란한 기록 문화유산은 임진왜란과 정유재란 때 대규모로 불에 타 없어지거나 약탈당했습니다. 그리고 이어진 전쟁과 양요(洋擾)로 마찬가지 결과를 낳았습니다. 특히 프랑스와 독일은 우리 문화의 핵심이라 할 수 있는 의궤와 그림, 도자기 들을 집중적으로 빼앗아 갔습니다. 그리고 일제 강점기 동안 일본은 우리 문화재를 체계적으로 빼앗았습니다. 광복 이후에는 미군정 아래 다시 한 번 대규모로 약탈당해 지금도 일본이나 미국의 도서관에는 우리 문화재가 무수히 쌓여 있습니다. 강탈당한 우리 문화재를 찾고 전통을 되살리는 것도 중요하지만 지금부터라도 전통을 이어 새로운 기록 문화를 만들어 가는 것이 중요합니다. 기록은 모든 학문의 바탕일 뿐만 아니라 문화를 만드는 힘이고, 나아가 나라의 힘을 기르는 뼈대이기 때문입니다.

한양 생활을 시작하다

　허준은 한양으로 올라온 뒤 곧바로 명의로 이름을 날렸습니다. 한양으로 올라오기 전까지 허준은 공부를 많이 했을 뿐만 아니라 의학을 배웠습니다. 허준이 누구에게 의학을 배웠는지는 알 수 없습니다. 드라마나 소설에서는 유의태에게 배웠다고 하는데, 유의태는 만들어 낸 인물입니다. 역사에 실제로 존재한 유의태 또는 유이태는 허준보다 후대의 사람입니다. 허준의 외가 쪽에 김안국처럼 의학에 조예가 깊은 사람들이 있었으므로 허준이 훌륭한 스승을 소개받아 제대로 배웠음은 분명합니다.

　배움에 있어 선생의 역할은 매우 중요합니다. 선생은 단순히 지식을 전달하는 사람이 아닙니다. 지식은 책 속에 얼마든지 있습니다. '구슬이 서 말이라도 꿰어야 보배'가 됩니다. 구슬을 꿸 때 가장 중요한 역할을 하는 사람이 바로 선생입니다. 선생은 구슬을 만들어 주는 사람이 아니라 구슬 꿰는 방법을 알려 주는 사람입니다.

허준은 그런 스승을 만났음이 분명합니다. 더구나 그 스승은 도교에 깊은 조예가 있었을 것입니다.《동의보감》은 도교 사상을 바탕으로 하고 있어 허준이 도교를 잘 알지 못하면 만들 수 없었기 때문입니다. 그리고 허준이 다른 사람들과 교류하는 과정에서 언급되는 책도《노자》와 같이 도교 관련 책이 많습니다.

유교가 사회에 관심이 많다면 도교는 자연과 사람의 몸에 더 많은 관심을 갖고 있습니다. 그러므로 몸을 다루는 한의학은 출발부터 도교와 깊은 연관을 갖고 있을 뿐만 아니라 서로 영향을 주고받으며 발전했습니다. 의학(醫學)의 '의(醫)' 자에는 '유(酉)' 자가 들어 있는데, 이는 제사를 지낼 때 쓰는 술을 뜻합니다. 고대에 제사는 무당이 지냈는데, 무당은 도교의 최고 지위에 있는 사람이었습니다. 동아시아, 특히 우리나라를 비롯한 북방 지역에서 고대의 무당은 정치, 경제, 과학, 역사, 예술을 망라하는 사람이었습니다. 물론 하늘의 신과도 통하는 사람이었기에 한 나라의 최고 지도자라고 할 수 있었습니다. 그런 만큼 도교는 한의학을 이해하기 위한 출발점입니다.

극단적으로 도교를 이해하지 못하면 한의학을 제대로 이해할 수 없다고까지 말할 수 있습니다. 그러므로 한의학을 본격적으로 공부하려면 도교를 공부해야 합니다.

허준은 젊어서 유교와 더불어 도교를 배웠고 나아가 의학도 배웠습니다. 어느 지역인지 구체적으로 확인할 수는 없지만 직접 환자도 보았습니다. 그런데 재미있는 것은 허준과 관련된 전설이 전라도가 아니라 경상도에 더 많이 전해집니다. 특히 산청(조선 시대에는 산음)에는, 허준이 출가하여 그곳에 와서 '유의태'라는 명의를 만나 의학을 배웠다는 구체적인 이야기가 전해지고 있습니다. 심지어 소설이나 드라마에 나온 것처럼 허준이 스승을 해부했다는 장소까지 있다고 합니다. 이는 어쩌면 허준과 같은 명의나 영웅을 기다리던 민중의 바람이 없던 일까지 만들어 낸 것이 아닐까 생각합니다.

허준은 해부할 필요가 없었음에도 해부를 했다고, 그것도 스승의 몸을 해부했다고 알려진 데에도 위와 비슷한 이유가 있습니다. 허준이 해부를 했다고 하는 사람은 아마도 한의학을 하면서 많은 한계를 느꼈을 것입니다. 고칠 수 없는 병 앞에서 의사들은 절망합니다. 그런 상황에서 몸을 열어 들여다볼 수 있으면 좋겠다고 바라게 됩니다. 한의학에서는 원래 해부가 없었으므로 자신의 한계를 해부를 통해 해결하고자 하는 바람이 생긴 것이지요. 그러다 보니 사실은 아닐지라도 허준이 해부를 해서 몸속을 정확하게 들여다보았으면 좋았을 것이라고 생각하게 되고, 그런 생각이 믿음이 되어 거짓을 사실로 믿게 된 것입니다.

허준이 해부를 했다는 이야기는 한 드라마에서 처음 나왔습니다. 그 드라마를 쓴 작가는 한의학에 관한 부분은 한의사의 도움을 받아서 썼습니다. 그런데 그 한의사가 양진한치(洋診漢治)를 주장했습니다. '양진한치'는 서양의학에서 쓰는 의료 장비와 해부 지식을 동원해 진단하고 치료는 한의학으로 하는 것으로, 이는 당시 많은 한의사가 바라던 것이었습니다. 다시 말해 당시 많은 한의사는 한의학의 진단법에 한계를 느끼고 있었고, 이를 근대 서양의학의 진단 방법이 해결해 준다고 생각한 것입니다. 그런 바람이 사실로 굳어져 허준도 해부를 했다는 식으로 생각하게 된 것입니다.

그러나 한의학에서는 해부가 필요하지 않고 하지도 않았습니다. 조선 시대에는 살인 사건에만, 그것도 필요한 경우에만 부검을 했습니다. 그러나 그것이 의학적으로 의미를 갖는 것은 아니었습니다. 따라서 허준도 그런 해부 지식을 참고로 하지 않았습니다.

유희춘의 신임을 얻다

  허준이 한양에 올라와서 진료하기 시작했을 때는 20대 초
반이었습니다. 오늘날과 달리 조선 시대에는 16세면 결혼을
해서 한 집안을 책임지는 가장이 되는 나이였고, 20대가 되면
사회에서 어느 정도 자리를 잡을 나이였습니다. 허준이 한양
으로 와서 진료를 시작하자 뛰어난 의술 덕에 그의 이름이 곧
널리 알려졌습니다. 한양에서 살고 있던 유희춘과의 만남도
본격적으로 시작됩니다.

  유희춘은 담양 지역에 유배되었다가 풀려난 뒤 한양으로
올라옵니다. 그는 한양에 오면서 일기를 쓰기 시작하는데, 이
때가 1567년 10월입니다. 유희춘의 일기가 시작되고 얼마 지
나지 않은 1568년 1월 29일에 허준의 이름이 나오기 시작해
서 평균 두 달에 한 번씩 방문한 것으로 적혀 있습니다. 처음

허준의 이름이 언급되는 상황을 보면, 여러 사람을 만났다고 기록한 뒤 마지막에 "허준도 왔다가 갔다."라고 적었습니다. 유희춘은 잘 모르거나 처음 등장하는 인물에 대해서는 누구의 자식이라거나 본관이 어디라거나 하는 간략한 정보를 적었는데, 허준에 대해서는 그저 왔다 갔다고만 적었습니다. 물론 허준이 그다지 중요한 인물이 아니어서 이름만 적고 말았을 수도 있습니다. 그러나 잘 알고 있거나 가까운 사람에 대해서도 정보를 생략한 것을 보면, 허준과 유희춘이 한양 생활을 하기 전부터 교류하고 있었을 가능성이 큽니다.

　허준이 유희춘과 맺은 인연은 매우 깊었습니다. 유희춘의 스승은 김안국인데, 김안국의 아버지 김연은 허준의 할아버지인 허곤의 사위입니다. 그러므로 허준과 김안국은 5촌 사이입니다. 김안국은 우리나라 도교의 역사에서 중요한 역할을 한 서경덕과 친한 사이였습니다. 이는 매우 중요한 사실로, 서경덕의 제자인 박지화나《토정비결》로 유명한 이지함이 허준과 관계가 있기 때문입니다. 《동의보감》편찬에 참가한 정작의 형인 정렴도 서경덕의 제자로 서로 교류하고 있었습니다. 허준은 이들의 영향을 크게 받았습니다. 특히 박지화는 정렴을 가르치기도 해 그의 사상이 정렴의 동생인 정작을 거쳐 허준에게 전해졌습니다.

허준과 유희춘의 인연은 여기에서 그치지 않습니다. 《홍길동전》으로 유명한 허균은 양천 허씨로 허준의 11촌입니다. 허균의 아버지 허엽은 서경덕의 제자였고, 허균의 형인 허봉은 유희춘의 문인(門人)이었습니다. 문인은 시를 짓고 그림을 그릴 줄 아는 지식인으로, 오늘날로 말하면 학문과 예술에서의 동지라고 할 수 있습니다. 이런 점에서 보면 허준은 당대 최고의 가문인 허균 집안과도 교류가 있었을 것입니다.

큰 학자가 나오려면 3대에 걸쳐 학자 집안이어야 한다는 말이 있습니다. 의사의 경우도 3대에 걸쳐 의사라야 그 사람의 약을 믿고 쓸 수 있다고 합니다. 집안 분위기나 책과 같은 자료가 갖추어져야 큰 학자나 의사가 나올 수 있다는 말입니다. 무엇보다도 일상에서 듣고 보는 모든 것이 학문과 연관되어야 제대로 된 학문을 할 수 있습니다. 의사 집안은 아니지만 허준이라는 큰 의사, 큰 학자가 나올 수 있었던 데에는 이와 같은 가문의 환경이 매우 중요한 역할을 했습니다.

《미암일기》에 허준의 이름이 처음 나오고 나서 한 달 뒤인 2월 22일, 허준은 유희춘에게 도교의 중요한 서적인 《노자》, 《문칙》, 《조화론》을 선물합니다. 이 가운데 《문칙》과 《조화론》은 전해지지 않습니다. 유희춘은 "아주 고맙고 기쁘다."라고 적었습니다. 허준이 왜 이런 책을 선물했는지는 알 수 없지만 당시로서는 구하기 어려운 책이어서 유희춘이 매우 고맙게 생각했음은 분명합니다.

오늘날과 달리 그 당시 책은 매우 귀했습니다. 모든 책은 조정에서 출판과 유통을 엄격하게 규제했기 때문에 돈이 있다고 아무나 살 수 있는 것이 아니었습니다. 더구나 유교가 국교로 자리 잡고 있는 상황에서 도교 관련 책은 구하기가 어려웠습니다. 그러므로 허준이 유희춘에게 이런 책을 선물한 것은 보통 일이 아닙니다. 사서삼경과 달리 도교 책들은 비싸기도 했지만 구하기 힘들고 학문이 높아야 읽을 수 있었습니다.

허준은 유희춘의 집을 드나들면서 유희춘 가족은 물론 친척의 건강까지 돌보게 됩니다. 당시 유희춘의 집에는 허준 외에도 양예수를 비롯한 쟁쟁한 의사들이 드나들었습니다. 양예수는 어의였는데 유희춘과 각별한 인연이 있었는지 유희춘 집안의 건강을 돌보고 있었습니다. 허준은 수시로 유희춘이 원하는 약재를 구해 주고, 멀리 전라도에 있는 친척의 병까지 돌보며 유희춘 집안의 주치의 역할을 했습니다.

그 당시 허준이 치료해 준 이가 여럿인데, 유희춘 부인의 혀에 난 종기를 치료했습니다. 당시 종기는 위험한 지경에 이를 수 있는 병이어서 빠르고 정확하게 치료하지 않으면 생명을 잃는 경우가 많았습니다. 그래서 유희춘은 급히 의녀를 불렀습니다. 양반집 부녀자의 병이었기에 아무리 뛰어난 의사라도 남자가 직접 치료할 수 없어 의녀를 부른 것입니다. 부름을 받고 달려온 의녀는 침으로 부인의 정수리에 피를 냈습니다. 유희춘은 의녀의 치료에 안심하지 못하고 허준을 부릅니다. 그러자 허준이 와서 부인에게 쓸 약을 의논하고 물러납니다. 또 한 번은 유희춘의 얼굴에 종기가 났는데, 허준의 처방에 따라 지렁이 즙을 발라 치료했습니다.

이런 과정을 통해 유희춘은 허준의 실력을 체험하고, 그를 신뢰하게 됩니다. 그래서 허준을 내의원에 천거하는데, 허준의 나이 31세 때인 1569년 6월 3일의 일입니다. 당시 내의원은 과거에 합격해야 들어갈 수 있었지만 천거를 통해 들어가는 방법이 있었습니다. 천거는 과거를 보지 않은 사람 가운데 실력이 뛰어난 사람을 가려서 관직에 추천하는 제도입니다. 이는 잘만 활용하면 숨은 인재를 발굴하는 데 좋은 제도지만 잘못하면 부패의 온상이 되기도 합니다. 과거와 같은 시험 제도는 많은 문제가 있습니다. 단순히 암기나 추리를 잘하는 사람이 관리로서 좋은 사람은 아닙니다. 과거는 그 사람이 능력이 있는지, 좋은 사람인지 판단하기에는 부족한 점이 많습니다. 그래서 천거와 같은 제도가 필요합니다. 그러나 현실에서는 천거를 둘러싼 잡음을 없애기 위해 가능하면 능력을 객관

화해 평가하려 합니다. 유희춘은 오랜 세월 허준을 지켜보면서 그의 됨됨이를 보아 왔고, 그의 실력을 충분히 검증한 뒤에 내의원에 천거했습니다.

만일 이때 허준이 내의원에 들어가지 못했다면 개인적으로 크게 발전하지 못했을 것이고, 《동의보감》도 나올 수 없었을 것입니다. 세상을 살면서 나를 알아주는 사람이 있다는 것은 참으로 소중합니다. 허준은 한양 생활을 통해 당대 최고의 의사들과 교류하고 그들에게 의학을 배울 수 있었습니다. 대표적으로 당시 수의(首醫)였던 양예수와는 유희춘의 집을 드나들며 자연스럽게 만났습니다.

양예수는 소설이나 드라마에서는 마치 허준과 대립하는 경쟁자처럼 나오지만 사실은 그렇지 않습니다. 양예수는 허준에 비해 나이가 많고 학문적인 업적이나 임상에서의 기술이 뛰어난 사람입니다. 양예수는 《의림촬요》를 편찬하기도 했습니다. 그리고 치료 방법에서 양예수와 허준은 비슷한 경향을 보입니다. 당시 유명한 의사 중에 안덕수가 있었는데, 그는 비교적 효과가 완만하고 무리가 없는 치료법을 쓴 데 비해 양예수와 허준은 효과가 빠르고 강한 약을 즐겨 사용했습니다. 따라서 당시 허준과 대립한 사람은 양예수가 아니라 안덕수라고 봐야 합니다.

《의림촬요》 양예수가 역대 의사들의 전기를 모은 책으로, 200여 가지의 병증과 2700여 가지의 처방이 실려 있습니다. © 서울대 규장각

　여기에서 중요한 점이 있습니다. 양예수가 편찬한 《의림촬요》를 당시 사람들은 《장씨의방》이라고도 불렀습니다. '장씨의방'이란 '장 씨 성을 가진 사람의 처방'이라는 뜻인데, 여기에서 장 씨는 장한웅을 가리킵니다. 양예수가 장한웅에게 의학을 배웠다는 이야기가 《어우야담》에 나옵니다. 장한웅은 산에서 살았기 때문에 장산인(張山人)으로 불리기도 하는데, 그는 3대째 의업(醫業)을 이어 오는 집안에서 태어났습니다. 의사인 그의 아버지가 출가하여 산으로 들어가면서 책 두 권을 장한웅에게 주었습니다. 장한웅은 이 책을 수만 번 읽고 난

뒤 병 치료는 물론 귀신도 부릴 수 있게 되었다고 합니다. 그는 마흔 살에 출가하여 지리산에 들어갔는데 그곳에서 도교의 수련을 쌓았습니다. 장한웅은 신라 시대의 최치원에서부터 조선 시대 김시습을 거쳐 서경덕, 이지함, 정렴과 같은 선도(仙道)의 맥을 잇는 사람입니다. 영화로도 만들어진 전우치 역시 이 계열에 있는 사람입니다. 그 후 장한웅은 산에서 내려와 한양의 동대문 밖에서 살았는데, 이때 양예수가 그에게 의학을 배웁니다.

　장한웅이 동대문 밖에서 살고 있을 때 허준도 한양에 있었습니다. 이때 허준의 나이는 20대 후반, 양예수는 40대 후반, 장한웅은 50대 초반이었습니다. 유희춘처럼 지위 높은 양반들과 교류하면서 정보에 밝았던 허준도 장한웅을 만났을 것입니다. 그리고 이들과의 교류를 통해 허준 역시 도교에 정통할 수 있었습니다. 이런 과정이 있어야《동의보감》처럼 도교에 바탕을 둔 의서를 편찬할 수 있습니다.《동의보감》은 어느 날 갑자기 나타난 것이 아니라 우리의 유구한 도교 발전의 결과로 나온 것임을 알 수 있습니다.

내의원에 들어가다

허준은 마침내 내의원에 들어갑니다. 31세에 출세(出世)를 한 셈이니 20세쯤이면 출세하던 당시로는 약간 늦은 감이 있습니다. 허준은 20대에 '심약(審藥)'이라는 종9품 관직에 임명되었습니다. 그러나 심약은 지방에서 근무하는 외관직(外官職)으로 낮은 신분이며, 본격적으로 출세하려면 한양에서 근무하는 경관직(京官職)에 들어야 했습니다. 비록 늦게 시작했지만 허준은 내의원에 들어간 뒤 초고속으로 승진합니다.

허준이 내의원에 들어가고 2년 뒤인 1571년에는 종4품 첨정(僉正) 자리에 오릅니다. 당시 의과의 초시와 복시를 1등으로 합격해서 얻을 수 있는 관직이 종8품이었으니 허준이 얼마나 파격적으로 승진했는지 알 수 있습니다. 그리고 35세가 되는 1573년에는 정3품에 해당하는 내의원정에 오릅니다.

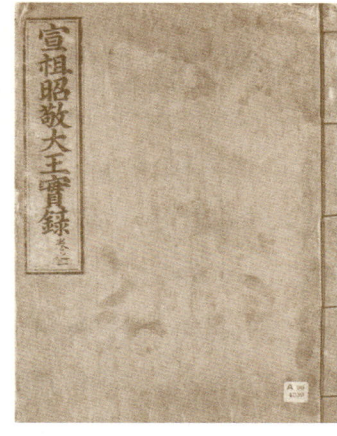

《선조실록》 허준이 양예수, 안광익을 도와 선조를 진료했다는 기록이 1575년에 처음 나타납니다. ⓒ 서울대 규장각

그리고 마침내 1575년에는 왕을 진찰하는 모습이《선조실록》에 처음으로 나타납니다. 비록 양예수나 안광익 같은 대선배의 이름 뒤에 언급되지만 명실상부한 어의로서의 위치를 확보한 것입니다.

　내의원 의원이 되었다고 임금을 진찰할 수 있는 것은 아닙니다. 임금을 진찰하는 의사를 '시의(侍醫)'라고 하는데, 시의가 되려면 뛰어난 기량과 함께 연륜을 쌓아 실수하지 않을 실력을 갖춰야 합니다. 그런 점에서 보면 허준은 비록 늦게 출세했지만 눈부실 정도로 빠르게 승진한 셈입니다. 허준이 이처럼 빠른 속도로 인정받게 된 배경에는 무엇보다 그의 뛰어난 의술과 의학에 대한 깊은 이해가 깔려 있었습니다.

허준이 들어간 내의원은 그동안 허준이 살아온 세계와 완전히 다릅니다. 첫째, 허준은 조정의 위계질서 속에서 정식 관료로서 살아가야 했습니다. 위계 사회는 능력이나 업적보다는 지위에 따라 사람을 평가합니다. 다른 이보다 능력이 뛰어나 많은 업적을 이루었다고 해도 위계를 벗어나는 행동이나 말, 특히 일반적인 예를 벗어나는 승진에는 혹독한 비판과 공격이 따랐습니다. 조선 시대는 효(孝)를 바탕으로 한 가부장제 사회였기에 윗사람에 대한 예의는 오늘날과는 사뭇 달랐습니다. 나이가 10년 위면 부모에 해당하는 예를 올려야 할 정도였으니 허준은 비교적 자유롭던 궁궐 밖의 생활에서 벗어나 철저한 관료로서 살아가야 했습니다. 이는 앞으로 허준의 화려하지만 험난한 생활을 예견하는 것이기도 합니다.

　두 번째로 내의원은 당시 최고의 의학 기관인 만큼 시설이 최고였고, 의학 관련 서적을 비롯해 책이 아주 많았습니다. 우리나라는 예로부터 자료를 잘 보관하기로 유명합니다. 규장각은 물론이고 《조선왕조실록》을 보관한 네 곳의 사고(史庫), 《팔만대장경》을 보관한 해인사와 월정사의 서고(書庫)에서부터 유명 사대부들의 서고에 이르기까지 우리의 기록과 보존 문화는 세계 으뜸입니다. 그래서 대부분의 자료를 약탈당하거나 불태워 버린 임진왜란이 일어나기 전까지는 중국에서도 자신들이 보관하지 못한 서적을 우리나라에서 얻어 갈 정도였습니다. 평소 손에서 책을 놓은 적이 없을 정도로 책에 빠졌던 허준은 그동안 보지 못한 의서들을 내의원에서 마음껏 볼 수 있었습니다. 이는 뒤에 허준이 《동의보감》을 비롯한 여러 의서를 편찬하는 데 중요한 바탕이 됩니다.

세 번째로 내의원은 임상과 이론에서 최고의 의사들이 모인 곳이므로 허준은 자연스럽게 수준 높은 의사들과 만나게 되었습니다. 특히 양예수는 노련한 의사로, 허준은 그로부터 많은 임상 전통을 배웠습니다. 허준이 뒤에 우리나라 의학을 뜻하는 '동의(東醫)'라는 말을 쓸 수 있었던 데에는 이러한 전통을 이은 명백한 적자라는 자부심도 한몫합니다.

네 번째는 다양한 분야의 사람들, 그것도 각 분야의 최고 고수들과 만날 수 있었습니다. 허준은 역사서까지 읽을 정도로 공부를 많이 했지만 당시 궁궐에 모여 있던 사람들은 허준의 스승이 되기에 충분했습니다. 오늘날과 달리 당시의 관료들은 거의 모든 분야에서 최고의 학자였습니다. 허준보다 앞선 시대의 퇴계 이황이나 허준과 비슷한 시기의 율곡 이이가 대표적입니다. 이들은 성리학에만 밝은 것이 아니고 음악과 미술, 시를 포함한 세상의 거의 모든 분야에 정통했습니다.

조선 시대의 의료 제도

　내의원은 조선 시대 최고의 의료 기관으로, 치료는 물론 약을 관리하고 의원을 교육시키며 의서를 편찬하는 등 다양한 역할을 했습니다. 열댓 명 정도의 관리직 관원이 있고, 그 밑에 어의 10명, 내의 12명, 20여 명의 침의(鍼醫)와 의녀(醫女)가 있었습니다. 50여 명으로 그 인원은 많지 않지만 오직 왕과 왕족, 높은 벼슬의 사대부만 이용할 수 있었기에 사실상 규모는 작지 않았습니다. 무엇보다도 이들은 당대 최고의 의학 지식과 의술을 가진 사람들로, 세계 최고 수준이었습니다. 그래서 중국이나 일본에도 파견될 만큼 명성이 높았습니다.

　내의원 의원으로는 어의와 내의가 있습니다. 어의는 내의 중에서 선발되는데, 임금과 왕족을 치료했습니다. 어의가 되려면 단순히 치료 기술만 가져서는 안 되며 의학 이론에도 일가견이 있어야 합니다. 그러므로 의원의 길로 들어선 사람이라면 누구나 어의가 되기를 바랐지만 그것은 매우 힘든 일이었습니다. 어의 가운데 최고의 어의를 수의(首醫) 또는 태의(太醫)라고 하는데, 오늘날의 대통령 주치의에 해당합니다. 허준이 내의원에 들어갈 당시의 수의는 양예수였습니다.

내의원이 주로 상류층을 대상으로 진료했다면 일반 백성은 혜민서(惠民署)에서 맡아 진료했습니다. 혜민서는 오늘날로 치면 국립의료원에 해당하며, 이곳에서는 치료만이 아니라 약재를 관리하고 침을 가르치는 등 백성에게 의학을 가르치는 일을 담당했습니다. 물론 이곳에서의 치료는 무료였습니다.

조선의 의료 제도 가운데 특이한 것은 침의와 의녀가 있었다는 점입니다. 이들은 낮은 신분으로 의학을 배워 출세한 사람들입니다. 침의는 약을 쓰지 않고 의원의 지도 아래 침만 놓는 사람입니다. 요즘은 약과 침이 통합되어 한의사가 두 가지를 모두 하지만 과거에는 침만 전담하는 사람이 따로 있었던 셈입니다. 한편 의녀는 주로 왕족과 사대부의 부인들을 치료하는 사람입니다. 남녀의 구분이 분명하던 유교 사회에서 여성만을 대상으로 하는 의사가 따로 필요하여 생긴 것으로, 말하자면 부인과 전문의입니다. 당시 조선을 제외하고 여성에 의한 체계적인 부인과 의료 제도를 갖춘 나라는 전 세계에 없었습니다. 그러나 조선 후기로 가면서 의녀는 의사라기보다는 요리와 기생의 역할에 더 치중하게 되는 등 쇠퇴의 길을 가게 됩니다. 결국 근대로 오면서 의학이 통합되어 부인과를 담당하던 의녀와 침을 담당하던 침의가 사라지게 됩니다.

특별한 스승, 노수신을 만나다

　　허준이 내의원에서 만난 사람 가운데 가장 높은 자리에 있던 사람은 노수신입니다. 허준이 처음으로 임금을 진찰할 때, 초보인 허준을 데리고 들어가 조언을 해 준 사람이 뒤에 영의정을 지낸 노수신이라는 대학자입니다. 그는 나이로 보아 유희춘보다 두 살 어렸지만 양재역 벽서 사건에 연루되어 유배를 당하며 유희춘과 정치적으로 운명을 같이했습니다. 그러다 보니 허준과 노수신은 자연스럽게 만나 교류했습니다.

　　노수신은 시를 잘 써서 당대는 물론 후대에도 높은 평가를 받았습니다. 그리고 매우 개방적인 사람이어서 우리나라 도교의 시조라고 할 수 있는 김시습의 흩어져 있던 시를 모아 후대에 전할 정도로 도교에 관심이 많았습니다. 불교도 당시에는 배척받았지만 노수신은 불교에 깊은 이해를 갖고 휴정을 비롯한 유명한 스님들과 친분을 쌓았습니다.

노수신의 아버지는 의료를 맡아 보던 관아인 활인서(活人署)의 별제(別提)를 지냈는데, 그 영향인지 노수신은 의학에 깊은 조예가 있었습니다. 그는 자신의 의학 이론을 정리하여 글로 남겼는데, 도교에 바탕을 두고 있습니다. 나중에 허준이 받아들이게 되는 김시습의 이론과는 약간 다르지만 노수신의 이론, 특히 양생(養生)에 관한 글은 허준에게 많은 영향을 미치게 됩니다. 이런 사실을 제외하고도 노수신은 허준에게 특별한 사람입니다. 허준의 동생인 허징이 노수신의 서녀(庶女)와 결혼했기 때문입니다. 서녀는 첩이 낳은 딸을 가리키는데, 허징 역시 적자가 아니었기에 서녀와 결혼했습니다.

다른 분야 사람들과의 교류는 허준의 성장에 큰 도움이 되었습니다. 그중 정작과의 교류는 무엇보다 중요합니다.《동의보감》을 보면 어의였던 양예수를 제외하면 편찬에 참가한 사람들은 이름만 언급되는데, 유독 정작은 '유의(儒醫)'라고 소개되어 있습니다. 정작의 아버지가 우의정을 지냈을 만큼 그의 집안은 세도가였습니다. 그러나 아버지가 을사사화에 가담하며 정치적으로 물의를 빚자 정작은 현실에 실망하고 정유재란이 일어나자 산으로 들어갔습니다.

정작은 어려서부터 도교 책을 읽고, 요즘 말로 도를 닦는 금

단수련(金丹修練)을 했습니다. 정작이 이처럼 도교에 관심을 갖게 된 데에는 그의 형인 정렴의 영향이 컸습니다. 어떤 사람은 정렴을 《토정비결》을 쓴 이지함의 스승이라고 하지만 확실한 근거는 없습니다. 정렴은 깨끗한 성품에 천문, 지리, 음악, 의학, 중국어에도 밝아 도인으로 인정받은 사람입니다. 그는 혜민서의 교수를 지냈고 1544년에는 임금의 병을 치료하기 위해 궁궐에 들어가 진찰할 만큼 뛰어난 유의였습니다.

유의는 유학을 배운 사대부이면서 의학에도 뛰어난 사람을 가리킵니다. 조선 시대에 의학은 중인 계층이 담당했습니다. 의학은 국가 정책 가운데 중요한 자리를 차지했지만 담당자인 의원은 주로 중인층에서 나왔기 때문에 의원의 사회적 지위는 높지 못했습니다. 그에 따라 의학 자체도 다른 학문에 비해 낮게 평가되는 경향이 있었습니다.

중국에서는 성리학이 확립된 송나라 때 본격적인 유의가 나타난 데 비해 조선에서는 세종 대 이후에 나오기 시작합니다. 유의가 나온 데에는 여러 원인이 있지만 첫째는 자신이나 가족의 건강을 돌보기 위해서입니다. 특히 가족 중에서도 부모의 건강을 지키고 병을 고치는 것은 유교의 관점에서는 효를 실천하는 가장 중요한 덕목이었습니다. 그러므로 다른 학문에 비해 다소 낮게 여기던 의학이었지만 효를 실천하기 위한 의학 공부는 사대부들의 의무였습니다. 그렇게 의학을 배운 사람 가운데 뛰어난 사람을 '유의'라고 합니다.

유의가 생기게 된 두 번째 원인은 송나라 때부터 과거 제도가 시행되어 관직으로 나갈 수 없는 사람이 많아지면서 생계를 위해 의학을 배우게 된 데에 있습니다. 원나라 때 몽골의 통치를 받게 되면서 한족(漢族)이 정치에 진출하기가 어려워졌고, 이에 따라 유의도 많이 나오게 됩니다.

세 번째로 의학은 단순히 사람을 살리는 기술일 뿐만 아니라 의학의 원리를 사회로 적용하면 국가라는 차원까지 넓힐 수 있는 학문이기 때문입니다. '좋은 재상이 되지 못할 바에야 좋은 의원이 되는 것이 더 낫다'라는 말도 있습니다. 이런 이유로 출세하지 못한 사람들 가운데 많은 이가 의학을 택했습니다. 의학계에서는 '작은 의사는 사람을 살리고, 큰 의사는 나라를 다스린다'라는 말이 있습니다. 의학은 사람만이 아니라 궁극적으로는 나라를 살리는 일입니다.

지식인들이 의학을 배우면서 의학은 세련된 이론으로 발전하고, 그동안 전해지던 많은 의서를 체계적으로 정리하여 출간할 수 있게 되었습니다. 그 결과 유의가 활약하기 시작하는 송나라 때는 다른 시대보다 훨씬 많은 의서가 출간되었습니다. 우리나라에서는 세종 대 이후 의서가 본격적으로 출간되

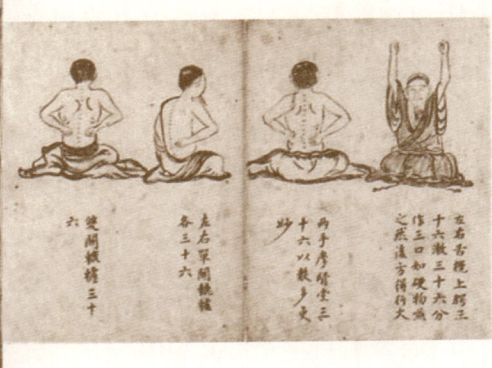

《활인심방》 표지와 내지 퇴계 이황이 명나라의 서적을 번역하고 내용을
덧붙인 책으로, 건강 수련법과 장수 비결을 담았습니다. © 유교문화박물관

는데, 이 과정에서 유의들이 큰 역할을 합니다. 조선 중기 이
후에는 지식인이라면 누구나 의학을 공부하게 되었습니다.
이황은 중국의 의서인《활인심》을 편집하여《활인심방》을 만
들어 후손에게 길이 전하라고 했습니다.

《미암일기》에도 유희춘이 치료하는 대목이 여러 번 나옵니
다. 유희춘만이 아니라 사대부들은 대부분 간단한 병은 스스
로 고칠 수 있었습니다. 물론 어려운 병은 의원을 불러 치료했
지만, 오늘날로 치면 소위 1차 진료는 집안에서 가장에 의해
이루어졌습니다. 조선 시대에는 경제를 비롯한 모든 것을 가
장이 책임졌고 의료 역시 가장이 책임져야 하는 몫이었습니

다. 그래서 이런 치료를 위해 집 안에는 병을 치료하기 위한 의서와 약을 보관하는 약장이 갖춰져 있었습니다.

허준이 내의원에서 만난 사람 중에 정작만큼 도교에 밝은 사람은 없었습니다. 허준은 그동안 도교에 대해 관심을 기울이고 연구를 계속해 왔지만 정작을 통해 옛날부터 전해 온 우리나라 도교의 정통을 배우게 됩니다. 이는 매우 중요한 사건입니다. 왜냐하면 《동의보감》의 가장 중요한 내용인 '도교 의학'이라는 큰 틀을 결정하는 일이기 때문입니다. 《동의보감》이 중요한 것은 단지 그때까지의 의학을 정리한 것이 아니라 도교 의학의 관점에서 재정리했기 때문입니다. 그것이 가능했던 것은 바로 정작과 허준의 만남을 통해서입니다. 정작과 허준이 만나지 못했다면 《동의보감》은 전혀 다른 모습으로 만들어졌을지도 모릅니다.

조선 시대는 의료도 가장이 책임져야 하는 몫이었습니다. 집 안에 의서와 약을 보관하는 약장이 갖춰져 있었습니다.

선조에게 책을 하사받다

　허준은 1569년 천거를 통해 내의원에 들어갔는데 공식 기록으로는 1571년 33세가 되던 해에 처음 관직을 받았다고 나옵니다. 내의원 종4품 첨정, 첫 관직치고는 괜찮은 직위입니다.

　허준은 내의원에 들어간 지 4년이 지나서야 처음으로 선조를 진료하는 데 참여할 수 있었습니다. 그것도 어의 안광익의 보조로 들어갔습니다. 그런데 이후 허준에 대한 기록이 별로 나오지 않다가 1578년 40세 때 선조에게 책을 선물 받는 이야기가 나옵니다. 허준이 내의원에 들어간 지 거의 10년 만에 허준의 이름이 공식 자료에 등장한 것입니다. 《신간보주동인수혈침구도경》이라는 긴 이름의 책을 선물 받았는데, 침놓는 자리를 그린 책입니다. 그림으로 된 책은 매우 귀한 것이었고,

더욱이 임금이 일개 의원에게 책을 선물한 경우는 없었습니다. 이를 보면 허준이 내의원에서 매우 열심히 공부했고, 실력을 인정받았음을 알 수 있습니다. 3년 뒤인 1581년에 허준이 《찬도방론맥결집성》을 교정한 사실을 미루어 보면, 내의원에서 그가 해야 할 일 가운데 의서를 편찬하는 일을 염두에 두고 선조가 허준에게 책을 선물했음을 짐작할 수 있습니다.

《찬도방론맥결집성》은 진맥할 때 반드시 필요한 맥에 관한 책으로, 당시 내의원에서 교재로 사용했습니다. 그런 만큼 책에 틀린 곳이 있어서는 안 됩니다. 더구나 맥은 아주 미묘한 것이어서 글자 하나가 엄청난 차이를 가져오는 경우가 많습니다. 그런데 이 책은 오래되어 일부가 손상되었고, 오랜 세월 동안 여러 사람이 손으로 베껴서 전하다 보니 잘못된 글자가 많아 정확하게 교정할 필요가 있었습니다. 그러나 맥은 매우 어려운 분야로 아무나 쉽게 교정볼 수 없었습니다. 이때 이 어려운 일을 맡아 훌륭하게 해낸 사람이 바로 허준입니다.

교정이라고 하면 틀린 글자를 바로잡는 정도로 생각할지 모릅니다. 평범한 사실을 적은 간단한 문장은 보통 사람들도 주의 깊게 살펴보면 틀린 글자를 찾을 수 있습니다. 그러나 전문적인 내용을 담고 있으면서 한자처럼 한 획의 차이로도 뜻이 달라지는 글자로 적혀 있으면 사정은 달라집니다. 이런 책

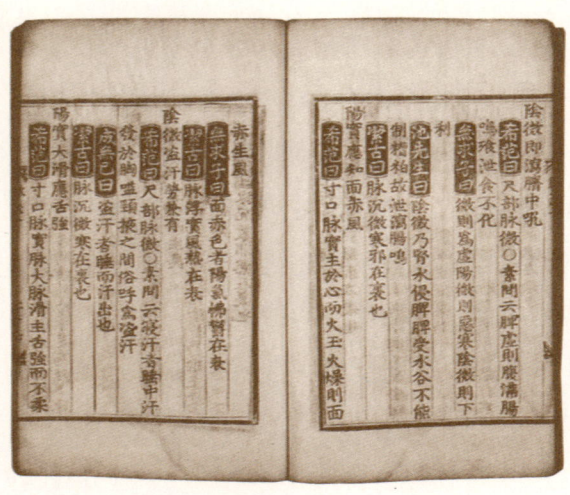

《찬도방론맥결집성》 허준이 교정하여 1581년에 새로 펴낸 책으로,
환자를 진맥하는 기본을 알기 쉽게 썼습니다. ⓒ 한독의약박물관

은 그 분야에 전문적인 지식이 있을 뿐만 아니라 무엇보다 한
자를 깊이 이해해야 합니다. 당시 내의원에는 의술이 뛰어난
사람은 많았지만 허준처럼 의학 이론에 정통하면서 한문을
잘 아는 사람은 없었습니다. 그렇기 때문에 어려운 책을 교정
하는 데 허준만 한 적임자가 없었습니다.

허준이 어려서부터 사서삼경은 물론 역사서까지 섭렵했고,
내의원에 들어간 뒤에도 책벌레로 불릴 정도로 책을 손에서
놓지 않았기 때문에 이런 능력을 갖출 수 있었습니다. 이런 꾸

준한 연구와 노력이 있었기에 교정이라는 중요한 일을 맡게 되었고, 그 일을 제대로 해낼 수 있었습니다.

허준은 이 작업에 대해 "떨리는 마음으로 수행했다."라고 말했습니다. 얼마나 힘들고 조심스러운 일이었는지 짐작할 수 있는 대목입니다. 허준이 교정을 본 《찬도방론맥결집성》에 대해 선조는 매우 만족했고, 허준에 대한 신임 또한 확고해졌습니다. 맥을 잘 짚는 의사는 많아도 그것을 이론으로 정리할 수 있는 사람이 없었는데, 그런 큰 작업을 허준이 한 것입니다. 이때가 허준의 나이 43세, 1581년의 일입니다. 이는 허준의 일생에서 매우 중요한 의미를 담고 있습니다. 허준의 의학 지식과 책을 편집하고 만드는 능력을 인정받음으로써 훗날 《동의보감》 편찬에서 대선배인 양예수를 제치고 허준이 책임자로 지명되었으며, 그 밖의 여러 의서를 편찬하는 일에 나설 수 있게 된 것입니다. 이로써 허준은 뛰어난 의원에 머무르지 않고 역사에 영원히 남을 의사로 변신할 수 있었습니다.

맥이란 무엇인가?

우리가 일상적으로 쓰는 말 가운데 '맥 빠진다', '맥이 하나도 없다', '맥을 끊는다'처럼 맥과 관련된 말이 많습니다. '맥이 없다'는 말은 '기운이 없다'는 뜻입니다. 왜 맥이 없으면 기운이 없는 걸까요?

맥은 산맥과 비슷합니다. 산맥은 산과 산이 이어져 하나의 줄기처럼 흐르는 모양을 일컫는데, 맥은 우리 몸에 놓여 있는 산맥과 같습니다. 다만 거기에 흐르는 것이 '기(氣)'라는 차이가 있을 뿐입니다.

한의학에서는 사람을 하나의 기 덩어리로 봅니다. 그런데 그 기는 그냥 덩어리로 있는 것이 아니라 여러 가지 기능으로 나뉘어 있습니다. 눈은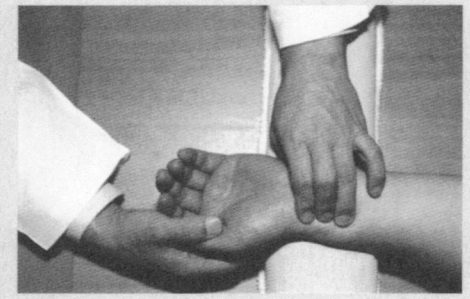

보고, 심장은 피를 총괄하고, 폐는 숨을 쉬는 기능을 합니다. 이를 '기분(氣分)'이라고 합니다. 우리가 '기분이 좋다, 나쁘다'라고 하는 것은 몸의 기가 잘 돌고 있거나 잘 돌지 못한다는 말입니다. '기분'에서 '분(分)'은 각각이 해야 할 몫입니다. 손발은 손발대로, 눈은 눈대로, 심장과 폐는 그 나름대로 맡은 몫을 잘 해내야 합니다. 그렇게 각각 맡은 몫을 잘해 조화가 이루어질 때 '기분이 좋다'고 말합니다.

그런 기는 각자의 몫이 있는 것처럼 각각 돌아가는 길이 있습니다. 그 길을 '맥'이라고 합니다. 마치 산맥처럼 길게 이어진 흐름이 바로 맥입니다. 우리 몸에는 맥이 많습니다. 그중에서 가장 중요한 맥은 12경맥인데 손끝에서 발끝으로, 발끝에서 손끝으로 몸의 위아래로 흐르는 맥입니다. 이런 맥을 통해 오장육부와 여러 기관이 연결되어 있으며 각각이 몫을 할 수 있게 조절합니다. 결국 우리 몸은 맥을 통해 하나의 생명으로 살아갈 수 있습니다. 그러니까 맥이 빠지면 힘도 빠지고 나아가 더 이상 살기 어려운 상태가 됩니다.

그런데 이 맥들은 자신의 상태를 '폐경(肺經, 또는 수태음폐경)'에 가서 보고합니다. 그러므로 폐경만 살펴보면 그 사람의 몸 상태를 알 수 있습니다. 폐경 중에서도 양쪽 손목의 경동맥이 흐르는 곳이 가장 중요한데, 우리가 맥을 본다고 하면 바로 이곳의 상태를 살피는 것입니다. 요골경상돌기(손목뼈에서 엄지손가락 쪽으로 튀어나온 부위) 안쪽에 맥이 뛰는 곳이 있습니다. 요골경상돌기의 가장 튀어나온 곳의 혈관 위에 가운뎃손가락을 얹고 둘째, 넷째 손가락을 가볍게 얹어 놓으면 맥을 확인할 수 있습니다.

험난한 정치 속에서
자신의 길을 가다

　허준이 내의원에서 높은 지위에 오르자 비난이 본격적으로 시작되었습니다. 허준이 활동한 선조 때는 신하들이 파벌을 이루어 사화(士禍)가 본격적으로 시작되는 시기였습니다. 그래서 한 정파에 속한 사람이 권력을 갖게 되면 반대파의 비난이 난무했고, 심지어 상대를 죽이는 일도 일어났습니다. 이를 '붕당(朋黨) 정치'라고 하는데, '붕당'이란 혈연이나 학연, 지연을 중심으로 이해관계를 같이하는 공동체를 말합니다. 일제는 우리 민족이 파벌 싸움에 몰두한 것처럼 역사를 왜곡했지만 붕당 정치는 동아시아 유교 사회에서 일반적으로 행하던 정치 형태입니다. 공자가 《논어》에서 "벗이 있어 먼 곳에서 찾아오니 이 또한 즐겁지 아니한가."라고 할 때에 그 벗은 그저 친한 친구가 아니라 자신과 뜻을 같이하는 동지를 말합니다.

그런 붕당에 속한 사람들은 대개 같은 스승 밑에서 배웠기 때문에 이념적으로 뜻을 같이했습니다. 그래서 자기 붕당이 권력을 장악하기 위해서는 목숨도 버릴 수 있었습니다. 조선은 왕권과 신권이 대립하며 발전한 나라입니다. 그런데 임금은 세습되는 것이어서 임금을 둘러싼 신하들의 이해관계가 날카롭게 대립했습니다. 왕권이 강할 때는 신하들이 함부로 분란을 일으키지 못하지만 왕권이 약해지면 신하들 사이의 권력 다툼이 꼬리를 물고 일어나게 됩니다.

조선 시대는 전체적으로는 왕권과 신권이 대립하고, 신권은 다시 여러 붕당으로 나뉘어 대립하던 사회였습니다. 왕은 왕대로 왕권을 강화하려 했지만 신하들은 신하들 사이의 경쟁을 거쳐 조선 후기에 이르러서는 왕권을 누르게 됩니다. 선조 때는 당쟁(黨爭)이 시작된 때로, 먼저 동인(東人)과 서인(西人)이라는 붕당이 있었습니다. 동인은 이황과 조식의 제자가 중심이 되어 모였습니다. 서인은 이이의 제자가 중심이었습니다. 허준이 영향을 받은 서경덕의 제자들은 두 붕당에 다 가담했는데, 서인 쪽에 더 많았습니다. 동인과 서인은 후대에 보는 것과 같은 피비린내 나는 싸움을 처음부터 하지는 않았습니다. 인조의 반정(反正)으로 서인이 집권하면서 서인은 송시열의 제자들인 강경파는 노론(老論)으로, 윤증을 중심으로 하는 온건파는 소론(少論)으로 갈립니다.

　허준이 살던 시대는 바로 이런 당쟁이 본격적으로 일어난 때였습니다. 허준은 의원으로, 정치에 나선 사람이 아니었지만 선조의 신임과 뒤에 광해군의 전폭적인 지원을 받게 되어 선조나 광해군과 반대편에 있는 당파의 입장에서는 눈엣가시 같은 존재였습니다. 그래서 허준의 지위가 올라갈수록 "허준이 임금님의 성은을 믿고 교만을 부리고 있다."라며 비난이 들끓었습니다. 뿐만 아니라 허준의 품계가 올라갈 때마다 그런 조치를 취소해야 한다는 상소가 빗발쳤습니다. 허준이 어떤 당파에도 속하지 않았음에도 그를 비난하는 세력이 많았던 것은, 임금에게 전폭적으로 사랑받았기 때문에 왕권에 대항하는 사람들의 미움을 받는 것은 정한 이치였습니다. 허준은 오로지 의학에만 전념하면서 의학적인 판단에 따라 때로는 목숨도 내걸 정도로 강직한 사람이었습니다. 그것은 어린 광해군의 병을 치료하는 과정에서 잘 드러납니다.

　허준은 사람들의 시기와 비난에 연연하지 않고 묵묵히 자신의 길을 걸어갔습니다. 광해군의 두창(痘瘡)을 치료한 일이 대표적입니다. '두창'은 오늘날의 천연두로, 한번 걸리면 많은 경우 사망할 정도로 위험한 병이었습니다. 이런 이름이 붙은 데에는, 이 병을 앓고 다행히 살아나면 얼굴에 콩알처럼 움푹 파인 구멍이 생기기 때문입니다. '천연두 두(痘)' 자를 보면 '병 질(疾)' 부 안에 '콩 두(豆)' 자가 들어 있습니다. 조선 시대에는 두창이 한번 번지면 심하게는 마을 사람 모두 죽어서 마을이 없어지는 일도 흔했습니다. 1979년 이후에는 더 이상 두창이 생기지 않아 지금은 사라진 병으로 보고 있습니다. 그러나 허준이 살던 시대에는 가장 위험한 병으로 여겼습니다. 마땅한 치료법도 없고, 치료하다가 의사가 감염되어 목숨이 위험해질 수 있기 때문에 의사들도 섣불리 치료하려 나서지 않았습니다. 가장 무서운 병이기 때문에 사람들은 두창을 임금의 가족에게만 붙이는 '마마'라는 이름으로 부르거나 '큰 손님'이라고 불렀습니다. 이는 두창이 인간으로서는 어찌 할 수 없는 병이고, 신의 노여움을 받아 생긴 것이므로 함부로 그 병과 싸우거나 몰아내서는 안 되고 오히려 잘 대접해서 달래 보내야 한다고 생각했기 때문입니다.

두창에 걸리면 처음에는 열이 나면서 하품을 자주 하게 되고 재채기나 기침도 하게 됩니다. 그러다 갑자기 가슴이 답답하면서 얼굴이 붉게 달아오르고 잘 놀라며 손발이 싸늘해지고, 3일이 지나면 붉고 작은 반점이 생기는데 처음에는 입안과 얼굴, 팔에 생기고 점차 온몸으로 퍼져 갑니다. 반점은 점차 특이한 모양의 물집이 되는데, 이 물집이 곪아서 고름 물집으로 되며 고름 물집은 말라서 딱지가 되고, 딱지가 떨어지면 그 자리에 콩알이 박혔던 것 같은 상처가 생깁니다. 이런 과정이 8~9일 정도 진행되는데, 딱지가 져서 떨어지면 병이 나은 것이지만 대개는 그 전에 죽게 됩니다. 그래서 당시 조선에서는 두창에 걸리면 본격적으로 치료하려는 사람이 없었고 굿을 하는 것이 관례였습니다. 이런 상황은 허준이 편찬한《언해두창집요》에 자세하게 나옵니다. 1590년, 허준의 나이 52세 때의 일입니다.

광해군이 어느 날부터 갑자기 열이 났는데 처음에는 무슨 병인지 알 수가 없었습니다. 병이 난 지 사흘째 되는 날, 경험이 많은 양예수가 광해군을 진찰했습니다. 광해군은 열이 올라 얼굴이 벌겋게 달아오른 상태였습니다. 자세히 살펴보니 다른 곳은 모두 뜨거운데 귀와 코는 차가웠습니다. 맥을 짚어 보던 양예수는 어두운 표정이 되었습니다.

"입을 벌려 보십시오."

광해군의 입안을 살펴본 양예수의 얼굴은 더욱 어두워졌습니다. 그즈음 끊이지 않고 번지던 두창이 마침내 궁궐에까지 미친 것이었습니다. 진찰을 마친 양예수에게 선조가 다급하게 물었습니다.

"왕자의 병은 무엇이오?"

양예수가 조심스럽게 아뢰었습니다.

"소신의 소견으로는 두창이 아닐까 합니다."

선조는 너무 놀라 입을 다물 수 없었습니다. 급히 삼정승과 도제조, 내의원 의원들을 불러 모았습니다.

"현재로서는 마땅한 치료법이 없는 줄로 아옵니다."

대신들과 의원들이 입을 모았습니다. 당시로는 뚜렷한 치료법이 없기도 했지만 자칫 자신들이 감염될 수도 있었습니다. 면역력이 약한 경우 치사율이 90퍼센트에 이르기 때문에 치료하다 죽을 것이 예상되는 병이어서 손을 댄 사람이 책임져야 하는 문제 때문에 누구도 선뜻 나서지 못했습니다.

더구나 광해군의 치료 결과에 따라 당쟁에 휘말릴 수도 있는 일이었습니다. 선조의 아들은 모두 14명인데, 그들 사이에는 미묘한 권력 다툼이 일어나고 있었습니다. 이런 다툼은 신하들이 자신에게 유리한 사람을 택하여 당쟁의 도구로 이용했기 때문에 벌어졌습니다. 광해군은 아직 세자로 책봉되지 않았을 뿐만 아니라 후궁의 자식, 그것도 둘째였습니다. 거기에다 그 위의 형인 임해군을 지지하는 신하와 광해군을 지지하는 신하가 대립하고 있었기 때문에 두창에 걸린 광해군을 살려도 문제, 죽여도 문제가 될 상황이었습니다. 그래서 아무도 나서서 치료하려 하지 않았습니다.

아무도 입을 열지 않자 선조가 다그쳤습니다. 그러자 마지못해 안덕수가 나섭니다.

"예로부터 두창은 치료하지 않는다고 하였습니다. 치료를 하면 마마 귀신의 화를 불러 다른 사람까지 전염된다는 말이 있습니다."

옆에 있던 다른 의원도 말을 거들었습니다.

"그래서 두창을 마마 귀신이라는 뜻으로 '두신(痘神)'이라고도 하고, '역신(疫神) 마마'라고도 하옵니다. 치료해서는 아니 되옵니다."

대신도 거들었습니다.

"두창을 민간에서 '손님'이라고 부르는 것도, 두창은 몰아내는 것이 아니라 손님처럼 잘 모셔야 한다는 뜻으로 그런 것이니 치료하면 아니 되옵니다."

선조는 기가 막혔지만 무어라 말할 수 없는 상황이었습니다. 과연 두창 치료에 나서야 할지, 그랬다가 귀신의 노여움을 사서 다른 사람까지 전염되어 죽는 것은 아닐지 결단을 내릴 수가 없었습니다. 한참을 고민하던 선조는 마지막 희망을 걸고 허준에게 말합니다.

"그대는 그동안 나의 병도 치료했고 맥에 관한 책을 교정하여 의서에 두루 밝으니 옛 경험과 새로운 경험을 모아서 광해군의 병을 치료해 보도록 하라. 사람의 목숨은 하늘에 달린 것이고, 의원의 실수는 사람에 달린 것이다. 하늘의 허물은 없는 법이요, 사람의 실수는 있을 수 있는 것이다."

한마디로 실수가 있더라도 문책하지 않을 테니 의학에 밝은 허준이 치료에 나서라고 명령한 것입니다.

"전하, 민간에서 두창을 치료해서 나은 사람이 있사옵니다. 소신이 치료해 보겠습니다."

허준은 자신의 지위는 물론 목숨까지 위험할 수 있는 상황에서 큰 용기를 냈습니다. 그런 용기의 바탕에는 확실한 근거가 있었습니다. 허준은 내의원에 들어오기 전에 민간에서 두창을 치료한 경험이 있었습니다. 당시 허준이 두창을 고친다는 소문을 듣고 사람들이 찾아들었습니다. 그때 허준은 '열 명을 치료하면 열 명이 나았다'라고 회상하고 있습니다.

허준이 광해군의 치료에 나섰을 때는 매우 위험한 상태였습니다. 그러나 허준은 두려워하지 않고 광해군의 증상을 정확하게 진찰한 다음 침착하게 생각을 가다듬었습니다. 이미 민간에서 두창을 치료한 경험이 있지만 옛 자료를 찾고 처방을 조사했습니다. 한가하게 책을 뒤지고 있을 시간이 없었지만 확실한 근거를 찾아야만 했기 때문입니다. 그리하여 마침내 허준은 광해군의 두창을 다스릴 처방을 찾았습니다.

그때까지 조선은 물론 중국에서도 크게 주목받지 못하던 주굉의 《활인서》에서 두 개의 처방을 찾았습니다. 하나는 '저미고(猪尾膏)', 다른 하나는 '용뇌고자(龍腦膏子)'입니다. 두 처방을 찾기가 쉬운 것은 아니었습니다. 왜냐하면 그 책에는 '두창'이라는 항목으로 따로 정리된 것이 없어서 소아과에서 쓰는 처방 중에서 증상과 거기에 쓰인 처방의 효과를 감안하여 고른 것입니다. 이런 일은 의학 이론만이 아니라 임상에도 탁월한 안목이 있어야 가능합니다.

광해군을 치료한 것은 단 하나의 처방, 저미고를 쓴 것입니다. 저미고는 말 그대로 저미(猪尾), 돼지 꼬리를 사용한 약입니다. 새끼 돼지의 꼬리 끝을 찔러 피를 한 냥 낸 다음 용뇌(龍腦)를 한 돈 섞어 작은 팥알만 하게 만든 약입니다. 이 약을 자초(紫草, 말린 지치의 뿌리)를 우려낸 물에 타서 먹거나 열이 심하면 정화수에 타서 먹습니다.

처방을 내리자마자 허준은 돼지우리로 달려갔습니다. 돼지 꼬리를 찔러 피를 그릇에 담고 용뇌를 섞어 약을 만들었습니다. 약을 세 번 쓴 뒤 마침내 광해군의 병이 나았습니다. 모두 손을 놓았던 병을 간단하게 고친 것입니다. 간단하다고 했지만 처방과 치료법이 간단할 뿐 그런 결정을 하기까지 허준이 겪은 고통은 대단했습니다. 이 약은 용뇌만 있으면 누구나 간

자초   용뇌

저미고는 돼지 꼬리를 찔러 낸 피에 용뇌를 섞어 만든 약입니다.
이 약을 자초를 우려낸 물에 타서 먹거나 정화수에 타서 먹습니다.

단하게 만들 수 있고, 부작용이 없고 효과도 빨라 민간에 널리
보급되어 많은 사람을 살렸습니다. 이 일로 민간에서도 허준
의 이름과 뛰어난 의술을 알게 되어 전설까지 만들어지게 됩
니다. 전설은 터무니없이 꾸며 내는 것이 아닙니다. 결단과 용
기, 그 용기를 뒷받침해 주는 능력을 갖춘 영웅이 있어야 만들
어집니다. 그리고 거기에 영웅을 기다리는 민중의 갈망과 사
랑이 있어야 비로소 완성됩니다.

두창의 명의가 되다

 허준은 광해군뿐만 아니라 다른 왕자와 공주도 고쳤습니다. 그리고 두창이 유행하는 곳에 직접 가서 환자들을 살피고 치료했는데, 그 수가 엄청났습니다. 허준은 두창의 명의가 되었습니다.

 전염병이 도는 지역에 들어갈 때는 먼저 향을 피워 나쁜 기운을 물리칩니다. 향은 단순히 향기를 맡기 위해서가 아니라 공기를 정화하는 효과가 있습니다. 그래서 향을 피우는 곳에는 파리나 모기, 개미가 접근하지 않습니다. 또한 머리를 맑게 하여 마음도 안정시킵니다. 향을 피운 뒤에는 독한 술을 입에 머금었다가 뱉어 냅니다. 손과 얼굴도 술로 씻습니다. 오늘날로 치면 알코올로 소독하는 것과 같습니다.

 허준은 두창을 치료한 경험을 살려 1601년 《언해두창집

요》를 편찬합니다. 한 개인은 물론 한 마을이 다 없어질 정도
로 무서운 두창을 치료하고 예방할 수 있는 길을 허준이 열었
습니다. 여기에는 매우 중요한 가치가 있습니다. 두창처럼 치
료하기 어려운 병에 대해 의사들마저 치료하기보다는 귀신의
소행으로 여기는 관습을 고쳤다는 데 의미가 있기 때문입니
다. 두창에 걸리면 굿 외에는 손쓸 방법이 없다고 여겼는데,
허준이 사람들의 생각을 바꿔 놓은 것입니다.

　또한 허준은 전염병의 예방법에 대해서도 자세하게 설명해

마마 배송 굿 김준근이 《기산풍속도첩》에서
평양식 마마 배송 굿을 묘사한 장면입니다.

놓아 병을 막을 수 있게 했습니다. 전염병이 계절의 변화와 밀접한 관계가 있음을 강조했습니다. 실제로 역사상 전염병이 유행한 시기를 보면 빙하기로 접어들거나 온난화가 진행되는 이상 기후와 관련이 많습니다. 이처럼 기후 변화가 심할 때는 생태계 균형이 깨져 평소에는 없거나 문제가 될 만큼 많지 않던 벌레나 균이 대량으로 생겨납니다. 문제는 우리가 미처 적응하지 못한 상태에서 그런 나쁜 기운이 침범한다는 점입니다. 또 하나 문제가 되는 것은 우리 몸도 기후 변화에 적응하지 못해 저항력이 떨어지는 것입니다. 오늘날 환경 파괴로 기후에 큰 변화가 생기고 그 결과 전에는 들어 보지 못한 병이 생기는 것은 바로 이런 이유 때문입니다.

그런데 전염병이 심하게 돌아도 아무런 예방 조치를 하지 않은 채 그 지역에서 지내도 병에 걸리지 않는 사람들이 있습니다. 이런 사람들은 저항력이 강해 그런 나쁜 기운에도 크게 영향을 받지 않기 때문입니다. 예방도 중요하지만 결국 내 몸을 어떻게 관리하느냐가 더 중요합니다.

허준은 광해군을 살린 일로 정3품 당상관 통정대부의 품계를 받습니다. 비록 실질적인 직위와는 관계없이 형식적인 승진이지만 서자로서의 한계를 뛰어넘는 품계였습니다. 당연히 사헌부와 사간원에서 들고일어났습니다.

"허준은 전하의 병을 고친 것이 아니라 왕자의 병을 고친 것입니다. 그러니 당하관에서 당상관으로 올리는 것은 가당 치 않습니다. 또한 허준은 사람됨이 교만하고 방자한 자로서 도리에 어긋난 짓을 일삼는 자이옵니다."

선조는 물러서지 않았습니다.

"불과 열흘 사이에 병세가 위급해져 가망이 없었는데 다행 히 살아난 것은 허준의 공이다. 그러니 품위를 올려 주지 않으 면 그 공을 갚을 길이 없다."

선조의 의지는 관철되었습니다. 이는 법적으로 제한되어 있던 서자 출신으로서의 신분적 한계를 넘어선 엄청난 일이 었습니다. 중인의 신분을 벗어나게 된 허준, 그것은 목숨을 건 용기가 있었기에 가능했습니다. 허준은 난치병만 넘어선 것 이 아니라 신분의 한계마저 넘어선 전 조선의 의사가 되었습 니다.

선조의 병을 고치다

　　허준이 임금을 치료한 기록은 1575년에 처음 보입니다. 임금은 늘 보호를 받아야 하므로 의원이 단독으로 진료할 수 없었습니다. 반드시 수의나 다른 의원이 참석해야 하고, 진단과 치료에 대한 판단도 혼자 하지 않고 여럿이 의논한 뒤 결정했습니다. 또한 일반 관료도 참석했습니다. 당시 관료들은 의학에 상당한 조예가 있어 의사들의 진료 과정을 검토하는 역할을 했습니다.

　　1575년, 허준은 명의 안광익과 함께 임금을 진맥하러 들어갑니다. 안광익에 대해서는 자세한 기록이 남아 있지 않지만, 내의원 의원이 아니면서도 뛰어난 의술을 지닌 의원이었습니다. 그리고 허준의 이름이 안광익의 뒤를 이어 나오고 있으므로 아직 허준의 임상 실력은 공식적으로 인정받지 못한 단계였습니다.

　허준이 임금을 직접 치료한 기록은 1596년 5월 11일에 나옵니다. 선조는 별전(別殿)에 나아가 침을 맞았습니다. 왕세자가 들어오고 약방제조 김응남, 부제조 오억령, 의관 양예수, 허준, 이공기, 박춘무, 심발, 김영국이 들어왔습니다. 김응남이 임금에게 여쭙니다.

　"증세를 자세히 알아야 침을 놓을 수 있습니다."

　"왼쪽 귀가 심하게 울리고 들리지도 않으므로 침을 맞지 않으면 낫지 않을 듯하여 이렇게 부른 것이다. 전부터 머리가 아프지 않은 날이 없었는데, 지난가을 침을 맞은 뒤부터 아픈 증세는 덜한 듯하나 귀 울림은 여전하다. 또한 왼쪽 손등에 부기가 있고 손가락을 당기면 아프다. 왼쪽 무릎도 시고 아파서 잘 걷지 못하므로 침을 맞아 맥을 트려고 한다."

　선조는 여러 가지 병을 앓고 있었습니다. 손가락과 무릎의 증상을 제외하면 대체로 스트레스로 인해 간의 기운이 억눌려 나타난 증상으로, 이를 '간기울결(肝氣鬱結)'이라고 합니다. 날로 심해지는 당쟁과 나랏일로 엄청난 스트레스를 받은 탓이었습니다.

　이후로 허준이 《조선왕조실록》에 자주 등장하는 것으로 보아 점점 중요한 역할을 했음을 알 수 있습니다. 허준이 치료한 예가 자주 나오는데, 그중 선조의 병과 당시의 의학에 대해 알수 있는 자료가 있습니다. 1604년 7월 2일의 기록입니다. 선조는 목이 아프고 심하면 말을 하지 못하는 병을 오랫동안 앓았습니다. 이 병은 스트레스가 심하여 생기는 병으로, '화병'으로 볼 수도 있습니다. 심장과 폐의 화(火)가 주요한 원인인데, 여름처럼 더울 때 더 심해집니다.

　조선 시대 임금들은 언뜻 보면 매우 잘살았을 것으로 생각되지만 사실은 그렇지 않습니다. 물론 먹고 자고 입는 모든 것은 최고였습니다. 특히 먹는 것은 오늘날 우리의 상상을 초월할 정도로 훌륭했습니다. 그러나 오히려 그것이 문제가 됩니다. 한의학에서는 맛이 너무 진한 것은 먹지 말라고 합니다. 한마디로 너무 맛있는 것은 몸에 좋지 않다는 말입니다. 임금은 전국에서 올라오는 산해진미를 다 먹게 됩니다. 이런 지나치게 맛있는 음식은 몸에 노폐물로 쌓여 병이 됩니다. 이렇게 생긴 노폐물이 '담(痰)'인데, 담은 모든 병의 원인이 됩니다. 대표적인 병이 오늘날 당뇨에 해당하는 소갈(消渴, 갈증이 나서 물과 음식을 많이 먹지만 몸은 점점 여위고 오줌의 양이 많아지는 병)입니다. 소갈의 합병증으로 종기나 피부병도 많았습니다. 《조선왕조실록》을 보면 임금들이 온천을 자주 다닌 사실을 볼 수 있습니다. 음식 문제와 더불어 더운 여름에도 겹겹이 정장을 차려입어야 하고 운동도 마음대로 할 수 없는 조건이 병을 악화시켰습니다. 여기에 당쟁으로 인한 스트레스는 상상을 초월할 정도로 심했고, 처리해야 하는 업무도 엄청나다 보니 스트레스로 인한 질병이 많았습니다.

선조가 앓은 목구멍이 붓고 아픈 인후병(咽喉病)도 그런 경우로, 위와 같은 조건에서 살게 되면 치료도 잘 되지 않고 치료가 된다고 해도 재발하기 쉽습니다. 치료를 계속해도 병이 낫지 않자 선조는 화가 나서 내의원 의원들을 나무랍니다. 각자 선조의 병을 진단하고 처방을 내라고 다그쳤습니다. 그러자 약을 담당하던 약방 도제조가 변명합니다.

"의관에게 내리신 분부를 방금 듣고, 신들은 매우 황공하고 민망함을 견디지 못하겠습니다. 의관들의 기술이 옛사람만 못하고 신들은 의술에 어두워 전하의 병이 이토록 낫지 않았습니다. 더구나 요즘 몹시 더운 때를 만나 심폐(心肺)의 화가 목구멍으로 치솟기 때문에 인후증(咽喉症)과 실음증(失音症)이 오래도록 쾌차하지 않는 것입니다. 신들이 의관들뿐만 아니라 의술이 뛰어난 신하 성협과 맥법을 알고 있는 유계룡 등과 모여 널리 의논하고 참고하여 약을 쓰면 이치에 맞을 듯하여 감히 여쭈옵니다."

선조의 호통에 안절부절못하는 신하들의 모습이 잘 나타나

있습니다. 질책에서 벗어나기 위해 자신들은 의학을 잘 모른
다며 변명하고 있습니다. 그러자 선조는 더 화가 났습니다.

"반년 동안 병을 앓으면서 날마다 두세 가지 약을 먹다 보
니 봄과 여름 동안 마주 본 것은 약 달이는 화로뿐이었다. 그
러나 아직도 효험을 보지 못하고 있으니 아마도 약이 증세에
맞지 않고, 의관들도 같은 약만 쓰려고 하는 것 같아 각각 소
견을 써서 밝히라고 한 것이다. 내가 의술을 모르기 때문에 그
약이 증세에 맞는 것인지는 잘 모르겠다. 그러나 의서를 조금
보았으므로 병이 생기는 까닭을 한두 가지 알기 때문에 이 증
세가 나타나자 곧 의관에게 내 병은 심증(心症)에서 얻은 것
이라고 하였다. 의관도 그렇다고 하였는데 이제까지 효험을
보지 못하니 까닭을 모르기는 하나, 한 수레의 나무에 붙은 불
을 한 잔의 물로 끄려는 격이 아니겠는가. 이토록 오래 앓아
경들로 하여금 근심을 하게 하는 것이 도리어 심열(心熱)을
조장하여 밤낮으로 불안할 뿐이다. 약을 쓰는 것은 군사를 쓰
는 것과 같은데, 어찌 짐의 소견을 굳이 지킬 필요가 있겠는
가. 의관들과 다시 상의하도록 하라. 허준은 여러 의서에 널리
통달하여 약을 쓰는 데 노련하고, 이명원도 노숙한 의관이므
로 범상한 솜씨가 아닐 터인데, 이들이 어찌 감히 망령되이 생
각했겠는가."

자신은 의학을 잘 모른다고 선조는 말했지만 실제로는 의학에 밝았습니다. 한 집안의 가장도 의학을 알아야 하는데 한 나라의 가장인 임금이 의학을 몰라서는 안 되고, 더구나 의원마저 의심하고 경계해야 할 처지에서 의학에 대해 모른다는 것은 임금으로서 자격이 부족하다고 할 수 있습니다. 그래서 선조는 병의 원인을 스스로 찾아냈고, 자신의 진단이 옳다고 말하고 있습니다. 병의 원인이 분명한데도 왜 치료를 제대로 못하는지를 따진 것입니다. 특히 허준은 의학에 밝은 사람인데 어찌 제대로 처방하지 못하는지를 묻고 있습니다. 선조가 허준을 신뢰하고 기대를 많이 하고 있음을 엿볼 수 있습니다.

허준이 선조의 맥을 짚어 보니 비위(脾胃, 비장과 위장)의 맥이 약하게 뛰었습니다. 우리가 음식을 먹으면 위로 들어갑니다. 위에서는 음식물을 소화하여 영양분으로 만들고, 비장은 그것을 오장육부로 보냅니다. 그러므로 비위가 약해지면 아무리 좋은 음식을 먹어도 영양 공급이 부족하게 됩니다. 그러니 힘이 없고 생기가 없으면서 수척해졌을 것입니다. 게다가 선조는 번열(煩熱)이 많아 찬 음식 들기를 좋아하고 문을 열어 놓고 바람 쐬기를 즐겼습니다. '번열'은 가슴이 답답하면서 열이 나는 것을 말합니다. 열이 나면서 답답하기까지 하니 자연히 찬물을 찾게 되고 바람을 쐬고 싶어 합니다. 또한 신경을 많이 쓰면 증상이 더 심해집니다.

《조선왕조실록》에는 이와 관련된 기록이 더 이상 없어 허준이 어떻게 진단하고 어떤 치료법을 썼는지 알 수 없지만 그 뒤 선조의 병에 대해 별다른 언급이 없는 것을 보면 치료가 된 것으로 보입니다. 만일 치료가 되지 않았다면 다른 치료가 계속 이어져 나왔을 것입니다. 본격적인 치료 과정을 볼 수 있는 것은 선조 37년, 1604년 9월 23일의 기록입니다.

선조는 평소 편두통을 앓았습니다. 편두통은 머리 한쪽이 아픈 증상인데, 지속적으로 아프기도 하고 통증이 갑자기 나타났다 없어지기도 합니다. 흔히 관자놀이와 머리의 옆모서리에 증상이 나타납니다. 한쪽이 계속 아프기도 하지만 이쪽저쪽으로 옮겨 가면서 아프기도 하고, 눈도 아프며 메스꺼우면서 토할 때도 있습니다. 편두통 자체로 목숨이 위험하지는 않지만 한번 아프기 시작하면 아무 생각도 할 수 없고 먹을 수도 없고 잠을 잘 수도 없어서 오래되면 위험한 병입니다.

편두통의 원인은 여러 가지지만 그중 스트레스가 가장 큰 요인입니다. 나랏일도 엄청나게 많고 신하들과의 대립과 갈등, 심지어 목숨까지 위협받는 상황에서 임금들은 마음이 편할 리 없었을 것입니다. 그래서 조선의 많은 왕이 스트레스에 시달렸습니다.

창덕궁 안의 내의원 조선 최고의 의료기관인 내의원은 흔히 '약방'이
라고 불렸습니다. 원래 인정전 왼쪽에 있었으나 일제 강점기 이후 지금
의 위치(성정각 쪽)로 옮겨졌습니다.

　선조 또한 평소에 편두통이 있었는데, 9월 23일 밤에 발작
하였습니다. 다른 관청과 마찬가지로 내의원 의원들도 해가
지면 퇴근했는데, 그 당시에도 당직 제도가 있어 내의원에 의
원이 남아 있었습니다. 선조는 바로 의원에게 침을 맞으려 했
지만 당직을 서고 있던 승지가 말합니다.

　"의원들만 단독으로 전하를 뵙게 하는 것은 온당치 못하니
소신(小臣)과 사관(史官, 기록 담당)이 함께하는 것이 어떻겠습
니까?"

의원 단독으로 임금을 배알할 수 없는 것은 당시의 관례였지만 선조는 그런 번거로운 절차를 싫어했습니다.

"침을 바로 맞으려는 것이 아니라 증세를 물어보려는 것이니 의원들만 들도록 하라."

한밤이 다 되어 허준이 임금께 나아갑니다.

"침을 놓는 것이 어떻겠는가?"

선조의 물음에 허준이 답합니다.

"증세가 급하니 기존의 절차에 구애받을 수는 없습니다. 여러 차례 침을 맞으시는 것이 마음 편치는 않사오나 침의들이 늘 말하기를, 이런 경우에는 반드시 침을 놓아 열기를 풀어 주어야 비로소 통증이 없어진다고 하옵니다. 소신은 침놓는 법을 잘 알지 못하오나 그들의 말이 이러하기에 아뢰는 것입니다. 허임도 평소에 경맥의 기를 이끌어 낸 다음 아시혈(阿是穴, 일반적으로 말하는 혈 자리는 아니지만 증상이나 치료의 반응점이 되는 부위)에 침을 놓을 수 있다고 하였는데 이 말이 일리가 있는 듯합니다."

마침내 임금이 병풍을 치라고 명합니다. 남영이 혈 자리를 정하고 침의인 허임이 침을 들었습니다. 그렇게 임금은 침을 맞았습니다. 400여 년 전의 기록이지만 눈앞에서 보는 듯 생생하게 묘사되어 있습니다. 이때의 상황을 보면 승지와 사관은 오지 않았지만 왕자는 자리를 지키고 있었습니다. 그리고 치료의 책임은 허준이 맡고 있습니다. 그래서 선조도 제일 먼저 허준에게 물어본 것입니다. 한밤에 일어난 일이지만 허준의 지위가 어느 정도인지 짐작할 수 있습니다.

침을 놓는 절차도 복잡합니다. 여기에는 나오지 않았지만 허준이 진맥을 하고 병의 원인을 찾았습니다. 그러고는 임금에게 침놓기가 죄송하지만 어쩔 수 없이 침을 놓아야겠다고 말합니다. 의료 행위이기는 하지만 침을 놓는 것은 사람의 몸에 바늘을 꽂는 일입니다. 그래서 허준은 조심스럽게 침을 놓아야 하는 이유를 장황하게 늘어놓습니다. 그러면서 그는 침 놓는 법을 잘 알지 못한다며 자신을 한껏 낮춥니다. 이는 진짜 침을 놓지 못한다는 말이 아닙니다. 뒤에 허준은 광해군에게 혼자서 침을 놓기도 합니다. 그러므로 이 말은 자신을 낮추면서 침 전문가인 침의를 내세워 임금이 아프더라도 침을 맞아야 함을 은연중에 강조한 것입니다.

마침내 왕자와 의관들만 남고 다른 관리들은 모두 나갑니다. 신하가 임금의 몸을 보는 것은 금기 사항이기 때문입니다. 이 치료 과정을 보면, 진맥을 하여 치료 방법을 결정하는 것은 의원인 허준이 담당하고, 침놓을 자리는 수습생이라고 할 수 있는 유의 남영이 잡습니다. 남영은 젊어서 눈이 밝아 침 자리를 잘 잡을 수 있기 때문입니다. 그리고 침을 놓는 것은 침의원인 허임이 맡았는데, 침놓는 기술은 허임이 그중 나았기 때문입니다. 침놓는 데도 이렇게 세 사람이 동원되었습니다.

이 치료가 효과가 좋았던지 한 달 뒤 선조는 의원들에게 큰 상을 내렸습니다. 허준에게는 길이 잘 든 말을 하사하고, 허임과 남영은 당상관으로 파격적으로 승진시켰습니다. 당시 말은 매우 귀하고 비쌌습니다. 더 중요한 점은 말을 탄다는 것은 버젓한 양반 행세를 할 수 있다는 의미입니다.

이외에도 허준은 《조선왕조실록》에 여러 차례 등장하여 왕세자나 임금의 병을 고쳤다는 기록이 나옵니다. 또한 허준의 이름은 점점 앞으로 나오고, 나중에는 허준과 한두 명의 의원이 같이 들어가기도 합니다. 허준은 그때마다 상을 받거나 품계를 올려 받습니다. 그럴수록 허준에 대한 반대 세력의 비난이 거세졌고, 때로는 임금이 내린 품계를 받지 못하는 일도 벌어졌습니다. 그들은 신분 질서를 흔들기 때문이라고 반대하는 명분을 내세웠지만 허준과 그를 두둔하는 왕권에 대한 견제의 의도가 깔려 있었습니다.

《동의보감》 편찬의 소임을 맡다

　의학은 개인에게는 자신의 건강과 생명을 지키는 방편이지만 나라를 다스리는 입장에서는 나라가 흥하고 망하는 바탕이 됩니다. 노동력이 많이 필요한 농경 사회에서 백성의 숫자는 노동력을 의미할 정도로 백성들이 중요합니다. 그러므로 나라가 잘되려면 백성들이 배불리 먹을 수 있어야 하고 건강해야 합니다. 잘 먹여 주지 않고 병이 나도 제때 치료해 주지 못하면 백성들은 떠돌아다니다가 도적이 되거나 다른 나라로 도망가 버리기 때문에 의학은 농사만큼 중요한 분야였습니다. 오늘날에는 의학과 의료가 대부분 개인의 이익을 얻는 수단이 되었지만 과거에는 원칙적으로 무상 의료가 이루어졌습니다. 그러나 모든 백성이 의료 혜택을 골고루 누렸다고 보기는 어렵습니다. 도시는 그나마 상황이 나았지만 시골은 혜택을 받기 어려웠습니다. 그렇기는 해도 당시 백성의 건강은 일차적으로 나라의 책임이었고 비용도 나라가 부담해야 했습니다. 그래서 조선 시대 왕들은 무엇보다 의학에 관심이 컸습니다. 임금만이 아니라 신하들도 마찬가지였습니다. 허준 외가 집안의 김안국과 김정국이 전염병과 응급 처방에 관한 책을 편찬한 일도 이런 필요 때문입니다.

선조는 어려서부터 의서를 많이 봐서 웬만한 의원보다 의학 지식을 더 많이 갖고 있었습니다. 그런데 선조 때에는 흉년이 자주 들고 전염병까지 돌아서 백성들의 건강 상태가 매우 나빴습니다. 두창도 자주 돌았고 《동의보감》을 편찬하라고 명한 그해 정월(1596년)에는 학질(말라리아)까지 돌았습니다. 이는 나라를 다스리는 입장에서는 큰일이었습니다. 백성이 병들어 죽게 되면 세금을 걷을 대상이 없어지는 것입니다. 또 전쟁이 나면 농사를 짓던 백성이 군사로 소집되어 싸웠기 때문에 백성이 병들면 나라를 지킬 사람이 줄어 문제가 컸습니다. 이런 까닭에 새로운 의서가 절실하게 필요했습니다.

새로운 의서가 필요한 데에는 전염병 외에 또 다른 까닭이 있었습니다. 《동의보감》 서문에 자세하게 쓰여 있는데 선조는 놀라운 이야기를 합니다.

"요즘 중국의 의서를 보면 모두 용렬하고 조잡한 내용만 모아 놓아 볼 만한 것이 없다. 여러 의서를 널리 모아 하나의 책으로 편찬하라."

이는 오늘날로 치면 미국이나 일본의 의학 책이 모두 조잡해서 볼 만하지 않다고 평가한 것입니다. 이런 평가는 의학 전문가도 쉽게 내릴 수 없는 수준입니다. 선조의 입장에서도 마땅한 중국의 의서가 있었다면 그것을 다시 찍어 내면 될 일이었습니다. 나라 경제가 힘든 상황에서 책을 편찬하는 것은 큰 부담이었을 텐데도 새로운 의서를 내려고 한 까닭이 분명 있습니다. 선조가 당시의 중국 의서를 용렬하고 조잡하다고 말한 것은 참으로 놀라운 지적입니다. 이런 인식은 선조뿐만 아니라 당시 몇몇 고관대작도 갖고 있었습니다. 좌의정을 지내고 《동의보감》의 서문을 쓴 이정귀도 "중국은 《황제내경》이 나온 뒤 수많은 학파가 끊임없이 일어나 학설이 분분하고, 부분을 표절하여 다투어 파벌을 만드니 책이 많을수록 임상은 더욱 어두워져서 《황제내경》의 본래 뜻과 차이가 나지 않는 것이 드물다."라고 했습니다.

선조의 놀라운 통찰력은 여기에서 그치지 않습니다. 선조는 "사람의 질병은 모두 조리(調理)와 양생(養生)의 잘못에서 생기는 것이므로 수양을 우선하고 약물은 그다음이어야 한다."고 지적했습니다. 그전까지 의학은 주로 병의 치료에 전

넘해 왔습니다. 의학의 역할이 건강을 지키는 것이라면 병들기 전에 미리 예방하는 것이 중요합니다. 한번 병이 들고 나면 치료하기 어렵고, 치료된다고 해도 몸은 전만 못하게 됩니다. 그러므로 치료보다 예방이 더 중요합니다. 그러면서 선조는 병의 근본 원인이 조리와 양생의 잘못에 있다고 말합니다. '조리'란 건강을 위해 평소에 지켜야 할 이치를 잘 따르는 것입니다. '산후 조리'도 아기를 낳고 난 뒤에 지켜야 할 이치에 따라 몸 상태를 출산 이전으로 회복하는 것입니다. '양생'은 건강 관리를 잘해 오래 살도록 노력하는 것입니다.

아무리 병원에서 치료를 잘해도 환자가 건강에 나쁜 행동을 계속하면 병은 다시 생길 수밖에 없습니다. 무리하게 일을 하거나 반대로 너무 게으르거나 술과 담배를 지나치게 하거나 좋아하는 음식만 먹거나 고민을 너무 많이 하면 병이 생깁니다. 선조는 이런 이유로 개인의 조리와 양생을 강조한 것입니다. 물론 여기에는 의료에 들어가는 나라의 지출을 줄이려는 의도도 깔려 있습니다.

선조는 "가난한 시골과 외딴 마을에는 의사와 약이 없어서 일찍 죽는 자가 많다. 우리나라는 향약(鄕藥)이 많이 나나 백성이 그것을 알지 못하니 마땅히 이를 분류하고 향약 이름을 함께 써서 백성이 알기 쉽게 하라."고 말했습니다. 이 역시 대

서울, 대구, 금산, 제천 등의 약령시장에 가면 우리
땅에서 나고 자란 좋은 약재들을 볼 수 있습니다.

단한 발언입니다. 선조는 먼저 개인의 양생을 강조한 뒤 백성
으로 하여금 약에 대해 알고 스스로 쓸 수 있게 해야 한다고
말했습니다. 더욱이 주변에서 쉽게 구할 수 있는 풀과 나무를
이용하여 값싸고 편리하게 병을 치료할 수 있게 해야 한다고
말한 것입니다.

　여기에는 두 가지 중요한 의미가 있습니다. 하나는 '건강 주
권'입니다. 원칙적으로 건강은 자신이 알아서 챙겨야 하고, 자
신의 병은 스스로 치료해야 한다는 말입니다. 두 번째로 선조

는 우리나라에서 나는 약을 써야 한다고 말합니다. 이는 '의약품 주권'이라는 점에서 매우 중요한 지적입니다. 지금도 좋은 약재를 '당재(唐材, 당나라 약재)'라고 합니다. 왜 하필 당재라고 했냐 하면, 고려 때 당나라의 싸고 질 좋은 약재가 다량으로 들어오면서 우리나라 약재가 시장에서 밀리기 시작합니다. 처음에는 싸고 좋으니까 당나라 약재를 썼지만 우리나라 약재가 점차 사라지면서 당연히 값이 올라가게 되어 나중에는 '울며 겨자 먹기'로 당나라 약재를 쓸 수밖에 없었습니다. 그래서 고려 때부터 약재의 국산화를 위해 우리 약재인 향약을 개발하고 정리했습니다. 그 성과가 세종 때에 편찬된 《향약집성방》입니다. 이 책은 세종 때 학자들의 노력도 들어가 있지만 많은 부분은 고려 때부터 연구하고 정리되어 온 결과물이 담겨 있습니다.

선조는 그동안의 이런 문제점을 잘 진단하고 있었습니다. 건강 주권과 의약품 주권의 확보가 《동의보감》 편찬의 중요한 배경이 된 것입니다. 그래서 '향약명', 곧 우리나라 약재의 이름을 같이 쓰라고 했습니다. 《동의보감》에는 한자로 적은 약재 이름 옆에 우리 이름이 한글로 나란히 쓰여 있습니다. 예를 들면 '길경(桔梗)'이라는 한자 이름 옆에 '도랏(도라지)'이라고 쓰여 있습니다. '인삼(人蔘)'은 '심'이라고 했습니다. 깊은 산 속에서 산삼을 캐면 '심 봤다'라고 외치는데, 이때 '심'이 바로 인삼의 우리말입니다.

그런데 이렇게 우리 이름을 붙이는 것은 쉬운 일이 아닙니다. 중국에서 쓰는 약재가 우리나라의 어느 것과 같은지를 밝혀야 하기 때문입니다. 또 그중에는 우리나라에 없는 약재도 있습니다. 이럴 때 허준은 무조건 중국 약재를 쓰지 않고 그것을 대체할 수 있는 다른 약재를 찾았습니다. 중국에서 쓰는 것과는 다른 식물이지만 효과는 거의 같은 약재로 대체했습니다. 그렇게 되면 약의 양도 달라져야 합니다. 허준이 위대한 것은 바로 이런 작업을 모두 수행했기 때문입니다. 허준이 그렇게 할 수 있었던 것은 《향약집성방》 같은 업적이 전해졌기 때문입니다.

선조의 뜻을 담기 위해 새로 만들어질 의서는 이론적으로 복잡해서는 안 됩니다. 간단명료할 뿐만 아니라 다른 의서들의 요점을 잘 모아야 했습니다. 허준은 선조의 뜻을 정확하게 이해했고, 이를 바탕으로 《동의보감》을 만들어 갔습니다.

의주로 피난 가다

조선 시대에 당쟁이 많았다는 것은 조선이 경제적으로 발전하고 있었다는 말과 통합니다. 나눠 먹을 것이 넉넉해야 더 많이 갖기 위해 싸우게 됩니다. 다 같이 어려우면 더 많이 갖고 말고 할 것도 없습니다.

16세기 동아시아는 급속하게 발전하고 있었습니다. 특히 명(明)나라는 세계 무역의 중심이라고 할 만큼 경제가 발전했습니다. 그래서 당시 무역의 결재 수단으로 쓰이던 은의 상당량이 명나라로 몰렸습니다. 명나라는 동남아시아를 거쳐 인도, 유럽과 대규모 무역을 하면서 큰 이익을 보고 있었습니다. 조선도 중국만은 못하지만 유럽에 비하면 잘살았습니다. 이에 비해 일본은 100년이 넘게 이어지던 전국 시대를 도요토미 히데요시가 평정하고 대륙으로 눈을 막 돌리던 참입니다.

경제적으로 발전하지 못했지만 힘을 밖으로 향했고, 오랜 준비 끝에 조선을 침략했습니다. 이것이 임진왜란(壬辰倭亂), 정확하게 말하면 조일전쟁(朝日戰爭)입니다. '임진왜란'은 '임진년에 왜구가 난리를 일으켰다'는 뜻이라 올바른 용어가 아닙니다. 조선과 일본 사이에 일어난 전쟁이므로 '조일전쟁'이라고 불러야 합니다.

임진왜란이 일어나자 사림(士林)들이 제일 먼저 도망쳤습니다. 나라가 망할 거라는 흉흉한 소문이 돌자 고관대작부터 도망가기 시작했고 임금을 비롯한 조정도 도망갔습니다. 그러다 보니 일본은 침략한 지 20일 만에 한양을 차지했습니다. 임금이 궁궐을 떠나려 하자 백성들이 길을 가로막았습니다. 심지어 욕을 하는 사람도 있었습니다.

선조는 궁궐을 떠나면서 부랴부랴 광해군을 왕세자로 책봉해 차기 임금으로 내정합니다. 그러면서 왕조를 둘로 나누어 광해군에게 하나를 맡긴 뒤 자신은 의주로 피신합니다. 광해군은 서북 지역을 다스리면서 백성의 신임을 얻어 군사를 모으는 등 차기 임금으로서의 역할을 착실하게 해 나갑니다. 광해군은 국제적인 세력 관계에도 밝아 명나라에 무조건 도움을 청하려 하지 않았습니다. 명나라에 도움을 청하면 당장은 일본을 막아 낼지 모르지만 결국 명나라의 속국이 되어 더 어려워질 것이 뻔했기 때문입니다. 광해군의 인기가 높아졌지만 광해군 혼자 힘으로 전란을 헤쳐 나갈 수는 없었습니다.

허준은 내의원 의관으로서 선조를 모시고 의주에 가서 선조의 곁을 지켰습니다. 선조를 따라 의주에 간 무리를 살펴보면 참으로 비참합니다. 아무리 도망을 가는 상황이라도 경제적으로나 문화적으로 세계에 내놓을 만한 나라인 조선의 임금을 따라간 것은 문관, 무관 합해 열일곱 명밖에 되지 않았습니다. 그 밖에는 오늘날의 비서에 해당하는 환관들과 말을 관리하는 사복원 세 명, 왕명을 전달하고 궁중의 붓과 벼루, 열쇠 등을 관리하는 액정서 관리 너덧 명과 허준뿐이었습니다. 문무관보다는 허준을 비롯한 나머지 수행원들이 임금의 곁을 한시도 떠나지 않고 보필했습니다. 선조는 "사대부가 너희만도 못하구나."라며 통탄했습니다.

허준과 더불어 의관으로서 피난길에 함께한 이가 양예수입니다. 양예수는 늙고 각기병을 앓아 다리를 절룩거리며 다녔습니다. 그의 각기병은 때로 왕진을 거절하는 방편으로 이용되어 사대부들의 눈총을 받기도 했습니다. 그런데 피난길에 문무관은 말을 타고 갈 수 있었지만 나머지는 걸어야 했습니다. 양예수가 절룩거리며 걸어가는 것을 보고 말을 타고 가던 이항복이 돌아보며 "각기병에는 난리탕이 제일이네."라고 했습니다. '난리탕'이란 전쟁을 약 처방에 비유한 것으로, 전쟁이 나자 다리가 아파서 왕진을 갈 수 없다던 사람이 걸어가는 것을 보고 비웃으며 한 말입니다. 양반들에게 호락호락하지 않아 거만하게 보였던 양예수에게 복수를 한 셈입니다. 그러나 이항복의 말이 선조의 귀에 들어가자 선조는 양예수에게 말을 하사했습니다. 전쟁 때의 말은 요즘으로 치면 군용 트럭과 맞먹습니다. 말을 하사한 것은 무엇보다 큰 선물입니다. 양예수로서는 전화위복이 된 셈이고, 선조가 그를 얼마나 아꼈는지 알 수 있습니다.

　허준은 선조를 모시고 의주까지 가면서 전쟁의 참상을 목격합니다. 전쟁 때는 전염병이 돌게 마련인데, 허준은 임금을 모셔야 하기 때문에 백성을 돌보지 못해 안타까웠습니다. 틈나는 대로 환자들을 만나 민간요법을 알려 주었지만 그것으로는 턱없이 부족했습니다. 허준은 정유년(1597년)의 전쟁에서도 임금을 모셨습니다. 이 일로 허준은 1604년에 호성공신(扈聖功臣) 가운데 3등 공신으로 책봉되어 '양평군(楊平郡)'이라는 읍호(邑號, 벼슬을 받는 사람이 살던 곳의 이름을 따서 붙여 주던 직함)를 받았습니다. 작위도 높아져 종1품 숭록대부가 되었습니다. 의원으로서만이 아니라 서자로서 1품에 오른 예는 허준이 처음이자 마지막입니다.

허준과 양예수에 대한 전설

양예수는 명종 때 내의원에 들어가 선조 때까지 어의를 지낸 아주 노련한 의사였습니다. 그의 의술은 당대 최고였고 중국에까지 이름이 알려졌습니다.

양예수가 사신을 따라 북경으로 갈 때의 일입니다. 하루는 노숙을 하고 있는데, 호랑이가 어둠을 틈타 양예수를 업고 달리더니 언덕 위에 내려놓고 새끼들을 물어다가 늘어놓았습니다. 호랑이는 땅바닥에 엎드려 애걸하는 시늉을 했습니다. 새끼 가운데 병이 난 놈이 있나 싶어 살펴보니 과연 한 놈이 다리가 부러져 곧 죽을 것 같았습니다. 약 주머니에서 환약을 꺼내 붙인 뒤 송진을 갈아 붙이는 시늉을 하며 손가락으로 소나무를 가리키니 호랑이는 고개를 끄덕였습니다. 그러고는 고맙다는 시늉을 하며 검은 돌 하나를 앞에 놓았습니다. 양예수가 돌을 집어 품에 넣자 호랑이는 그를 업고 노숙하던 곳으로 데려다 주었습니다. 마침내 양예수가 북경에 도착하여 돌멩이를 사람들에게 보여 주자 그 돌은 '주천석(酒泉石)'으로, 물에 담가 놓으면 물이 술로 변한다고 알려 주었습니다. 돌을 물에 담그니 과연 술로 변했습니다.

이 이야기는 사람들이 지어낸 이야기지만 눈여겨볼 내용이 있습니다. 전설이나 소설처럼 꾸며낸 이야기에도 밑바탕에는 현실적인 내용이 들어 있습니다. 위의 이야기에는 북경에 간다는 대목이 나오는데 당시 중국은 세계의 중심이었습니다. 그러므로 양예수가 북경에 간다는 것은 세계의 중심에 들어간다는 의미입니다. 그런데 가는 도중 당시 사람들이 가장 무서워하면서도 숭배하던 호랑이를 만나고 치료해 주고 선물을 받습니다. 그것은 세계의 중심에서 사람들을 놀라게 했다는 의미입니다. 이런 전설은 그 후 뛰어난 의사에 대해서도 만들어졌는데, 대개 위의 전설과 비슷한 내용입니다.

허준도 마찬가지 경우입니다. 허준은 가난하게 살았는데 매일 공부만 하니 부인이 쫓아내다시피 하여 장사를 하게 됩니다. 그러다 어떤 도인을 만나 의술을 배워 눈부신 활약을 합니다. 그즈음 중국의 천자가 병이 들었는데 고치지 못했고, 마침내 허준이 북경으로 가게 됩니다. 가는 도중 호랑이를 고쳐 주고 침과 회혼포(回魂布, 죽은 사람도 살리는 천)를 얻어 천자를 고쳐 많은 상을 받았다는 이야기입니다.

이런 전설들은 단순히 양예수나 허준이 뛰어난 사람이고 성공했음을 이야기하고 있을 뿐만 아니라 중국이라는 세계의 중심에서 더 큰 세계를 열어 보였다는 공통점이 있습니다. 그리고 그런 성과는 우연히 얻은 것이 아니라 호랑이를 치료하는 것처럼 보통 사람으로서는 상상할 수 없는 용기와 노력이 있었음을 이야기하고 있습니다.

한양으로 돌아오다

　　임진왜란을 끝낸 것은 명나라의 파견도 있었지만 사실상 남명 조식 같은 분이 일으킨 의병과 남해에서 일본의 침입을 막은 이순신의 활약 덕분입니다.

　　전쟁이 끝나자 도망갔던 사람들은 언제 그랬냐는 듯 슬그머니 돌아와 다시 당쟁에 몰두했습니다. 그리고 자신이 속한 당파의 이익에 따라 차기 임금을 밀기 시작했습니다. 광해군은 전쟁 중 외교 관계에서 탁월한 능력을 발휘하여 명나라에서는 광해군을 다음 임금으로 인정하는 분위기였습니다. 그런데 선조가 광해군보다 아홉 살이나 어린 신부를 맞아 늦게 얻은 영창대군을 내세우자 영창대군을 미는 파와 광해군을 미는 파로 나뉘어 당쟁이 벌어졌습니다.

　　내의원에도 큰 변화가 생겼습니다. 전쟁 중에 수의였던 양

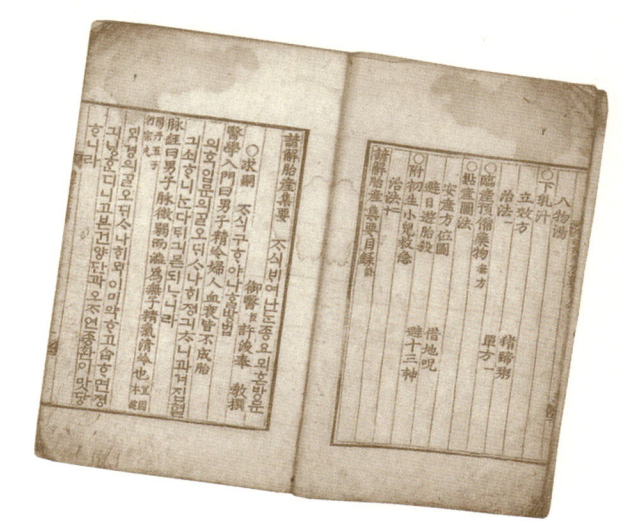

《언해태산집요》 산부인과 전문 서적으로, 신생아의 구급법이 함께 실려 있습니다. 허준이 선조의 명을 받아 한글로 옮긴 의서로 1608년에 내의원에서 발간했습니다. ⓒ 한독의약박물관

예수가 늙고 병듦을 이유로 해주에 머물며 돌아오지 않았고, 정작은 산으로 들어가 버렸습니다. 《동의보감》 편찬에 중요한 역할을 하던 두 사람이 빠져 버린 것입니다. 설상가상으로 임진왜란 중에 허준이 가장 중요하게 참고하던 《의방유취》가 없어져 버렸습니다. 그러나 허준에게는 현실을 탓하고 있을 여유가 없었습니다.

허준은 전쟁이 끝나자마자 《언해태산집요》, 《언해구급방》, 《언해두창집요》를 편찬해야 했습니다. 모두 한문으로 쓰인 기존의 책을 한글로 옮긴 것[언해]입니다. 《언해태산집요》는 출산과 관련된 책이고, 《언해구급방》은 응급 처치에 관한 책이며, 《언해두창집요》는 두창에 관한 책으로, 모두 전쟁 뒤에

꼭 필요한 책이었습니다. 있던 책을 번역한 것이라고는 해도 세 권의 책을 한꺼번에 출판하는 것은 쉬운 일이 아닙니다. 허준은 이를 《동의보감》의 편찬과 함께 진행해야 했기 때문에 눈코 뜰 새 없이 바빴습니다. 1601년, 허준의 나이 63세 때 시작된 일입니다.

허준은 앞에서 말한 세 권의 책과 함께 《동의보감》을 편찬하기 위해 바쁜 나날을 보냅니다. 그런데 허준을 더욱 힘들게하는 일이 벌어집니다. 그것은 선조의 죽음으로부터 시작되었습니다.

선조는 전란을 겪으면서 근심과 피곤으로 병을 얻었고, 그 뒤에도 여러 달 편치 않아 오랫동안 조회(朝會)를 보지 못하기도 했습니다. 심신이 쇠약해져 고생하던 와중에 선조는 광해군을 제치고 어린 영창대군에게 왕위를 물려줄 생각을 하고 있었습니다. 이를 영의정인 유영경이 지지하면서 또다시 당쟁이 일어났습니다. 이때 유영경은 내의원을 관리하는 최고 책임자인 제조로 있었고, 허준은 수의가 되어 있었습니다 (1600년에 수의가 됨). 유영경을 반대하는 쪽에서는 선조의 병세가 나빠진 것을 빌미로 유영경과 허준을 처벌해야 한다는 상소를 올렸습니다. 허준도 유영경을 따라 죽게 될 수 있는 급박한 상황이었습니다. 그런데 다행히 몇몇 대신이 나서 사태를 수습합니다.

"성상(聖上)께서 조용히 조리하시는 중에 어의를 벌하자고 청하는 것은 소란스러울 듯하니, 옥체가 쾌복(快復)되시는 대로 천천히 그 죄를 논해도 늦지 않을 것입니다. 지금 수의를 죄 주고 나서 뜻밖의 약을 쓰게 되면 누가 감당하겠습니까?"

선조 역시 같은 대답을 합니다.

"저들이 허준을 논죄하려는 뜻을 이해할 수 없다. 이는 약을 쓰지 못하게 하고, 편히 쉬지도 못하게 하려는 것이다. 허준은 약을 함부로 쓴 죄가 없으니 사직하지 말라."

전쟁 중에 선조를 모시고 의주까지 다녀온 허준은 자신의 임무를 묵묵히 수행했을 뿐이지만 당쟁의 당사자들은 허준을 빌미로 자신의 당파에 유리하도록 일을 만든 것입니다. 만약 허준이 약을 잘못 써서 선조가 승하하게 되면 영창대군을 미는 쪽에서는 당연히 허준의 죄를 크게 물을 것이고, 더불어 그동안 영창대군을 반대하던 사람들을 싸잡아 공격할 수 있는 기회가 됩니다. 그리고 어떤 경우라도 선조의 죽음에 대한 책임을 허준에게 돌리면 누군가에게 돌아올지 모를 화살을 떠넘길 수 있기 때문에 허준을 둘러싼 음모가 무성했습니다. 그야말로 말 한마디에 목숨이 오가는 상황이었습니다. 더구나 유영경은 내의원의 최고 지위에 있는 관리이면서도 자신이 거느리던 의원들을 탄핵하는 데 주저하지 않았습니다.

목숨은 사람이 어쩔 수 없는 것인지 선조는 점점 쇠약해지더니, 1607년 가을부터는 눈에 띄게 건강이 나빠졌습니다. 10월 9일 해가 막 돋을 무렵, 침소에서 나오던 선조가 쓰러졌습니다. 봄부터 몸이 불편해 오래도록 조리하고 있었는데 이날 아침 갑자기 쓰러진 것입니다. 마침 세자가 아침 문안을 하려고 가던 중이었는데, 임금의 병세가 위독하다는 전갈을 받고는 한걸음에 달려왔습니다. 유영경과 허준이 달려와 급히 약을 올렸습니다. 실신하여 쓰러졌을 때 쓸 수 있는 구급약인 청심원(淸心元), 소합원(蘇合元), 강즙(薑汁), 죽력(竹瀝), 계자황(鷄子黃), 구미청심원(九味淸心元) 등을 썼습니다. 이런 약들은 지금도 중요한 구급약으로 쓰이는데 강한 각성 효과가 있습니다. 마지막으로 진미음(陳米飮)을 올렸습니다. '진미'는 묵은쌀인데, 앞에 쓴 약들이 비교적 차고 자극이 강하기 때문에 비위를 따뜻하게 하고 약효를 높이기 위해 묵은쌀로 죽을 쑤어 올린 것입니다. 그러자 임금의 증세가 조금 안정되었습니다. 선조는 정신이 들자 사람들이 몰려 있는 것을 보고 놀랐습니다.

"이 어찌된 일인가?"

세자가 사람들을 물러나게 했습니다. 허준을 비롯한 모든 이가 밖에서 대기하고 있는데, 날이 저물 무렵 임금의 병세가 다시 위독해졌습니다. 허준과 의원들이 들어가 약을 올리자 한참 만에 안정되었고, 세자는 그대로 대전에서 밤을 보내며 간병했습니다.

선조는 더 이상 좋아지지 않았고 이듬해 2월 승하합니다. 임금이 위독하다는 말에 허준이 급히 임금을 뵈었지만 이미 늦었습니다.

"전하의 병환이 손을 쓸 수 없을 정도로 위급합니다."

급히 모인 대신들에게 허준은 이렇게 말할 수밖에 없었습니다. 임금은 문 앞에 누워 곤룡포를 덮고 옥대(玉帶)를 걸쳤는데, 기절한 지가 이미 오래였습니다.

선조가 죽고 우여곡절 끝에 광해군이 왕위를 이었습니다. 광해군이 즉위하자 곧바로 허준에 대한 상소가 빗발쳤습니다. 내의원 제조였던 유영경에 대한 비난이 허준에게로 향한 것입니다. 유영경은 광해군에 반대하여 영창대군을 밀었기 때문에 비난의 표적이 되었습니다. 허준은 수의가 되는 과정에서 유영경의 도움을 받았기 때문에 상황이 힘들게 되었습니다. 유영경에 대한 공격이 곧바로 허준에 대한 공격이 되는 형편이었습니다.

그러나 광해군은 생명의 은인이자 아버지의 신임을 받던

허준을 쉽게 내칠 수 없었습니다. 그래서 유영경은 곧바로 유배 보내고 뒤이어 사약을 내려 죽였지만 허준은 별다른 조치를 하지 않았습니다. 그러자 사헌부와 사간원에서 원칙대로 처리하라고 강력하게 주장했습니다. 당시에는 이유를 가리지 않고 임금이 죽게 되면 주치의인 수의를 비롯하여 내의원 의관들이 문책을 받는 것이 관례였습니다. 사간원에서 상소를 올렸습니다.

"선왕(先王)께서 침을 맞으며 조리 중에 계시니, 어의는 한시라도 멀리 떠날 수 없었습니다. 그런데도 양평군 허준은 품계가 높은 의관으로서 선왕의 병을 생각하지 않고 감히 사사로운 일을 태연하게 제멋대로 하고야 말았습니다. 이에 사람들이 분개하고 있으니 먼저 파직시킨 뒤 죄를 조사하소서."

"허준의 의술이 졸렬하고 재주가 없었던 탓이니, 이것 때문에 죽이는 것은 정당한 법이 아니다."

광해군은 생각을 바꾸지 않았습니다. 그렇지만 허준에 대한 상소는 줄어들지 않았습니다.

"선왕의 병이 중하여 봄부터 겨울까지 계속되니 약을 쓰는 일은 매우 긴요하고 중대하였습니다. 그런데 허준은 자신의 소견을 고집하여 경솔히 독한 약을 썼으니 죄를 다스리지 않을 수 없습니다. 신이 동료들에게 말하니 허준의 죄는 나라 사람 모두 알고 있고 이는 지극히 공정한 논평이니 이의가 없다 하였습니다. 하여 그의 죄를 논하기로 의견을 모았습니다. 오래도록 약을 썼으나 효력이 없어 선왕께서 갑자기 돌아가시는 슬픔을 만났사오니 허준을 잡아들여 국문하소서."

광해군은 손을 들고 말았습니다. 허준을 죽일 수도 없고, 그렇다고 아무 조치도 내리지 않을 수 없었습니다. 광해군은 할 수 없이 허준을 옥에 가두게 했습니다. 그러고는 마침내 의주로 귀양을 보냅니다. 허준은 선조를 모시고 피난 갔던 바로 그곳으로 유배를 떠나게 되었습니다. 1608년, 일흔의 노인이 유배를 가게 된 것입니다.

광해군은 자신의 생명의 은인이기도 하지만 《동의보감》 편찬이라는 막중한 임무를 맡고 있는 허준을 오래 떠나보낼 수는 없었습니다. 그래서 이듬해에 허준을 복권시킵니다.

"허준은 호성공신일 뿐만 아니라 나에게도 공로가 큰 사람이다. 근래에 마침 내가 병이 많은데 궁궐 안에는 노련한 의사가 적다. 귀양살이한 지 한 해가 지났으니 그의 죄를 징계하기에 충분하다. 또한 죽음을 두려워하지 않고 옳다고 생각하면 소신대로 행하며 정성껏 치료하는 그 뜻을 감안하여 석방함이 가하다."

유배에서 풀려나고 난 뒤에도 허준을 비난하는 상소가 빗발쳤고, 허준은 유배와 복권을 여러 차례 반복합니다.

허준은 유배지에서 동갑내기인 최립과 친분을 쌓았습니다. 허준이 유배에서 풀려나자 둘은 평양에서 만났습니다. 최립은 허준을 보내며 시를 썼습니다. 벗이 복권되어 한양으로 돌아가는 것을 기뻐하면서도 보내야 하는 아쉬움을 차분하게 드러내고 있습니다.

동갑내기 허준이 조정으로 돌아가는데 부쳐

솥 안의 물로 단(丹)을 지었지만
임금의 가시는 길 붙잡지 못했네
누가 알았겠나 머리 쉰 늙은이가
압록강 국경에서 귀양살이할 것을
명의는 옛날처럼 삼대가 의사일 필요 없고
임금의 총애 잦아 이제 으뜸이라네
궁중에는 예와 다름없이 물시계 떨어지는 소리만 들릴 뿐
옥 난간은 텅 비어 용안 볼 수 없네
환자도 한갓되이 다시 일어나길 잊지 않는데
천리 먼 곳 어찌 다시 불러 주길 기다리지 않았겠는가.

광해군은 유배 중에도 허준이 필요한 자료를 찾으러 성안으로 출입할 수 있도록 허락했습니다. 비유하자면 감옥에 갇힌 사람을 마음대로 밖으로 외출할 수 있게 해 준 것입니다. 허준은 번거로운 내의원 업무에 얽매이지 않고 《동의보감》 편찬에 전념할 수 있었습니다. 역사상 유배를 가서 훌륭한 저서를 남긴 예가 많습니다. 환경도 나쁘고 책도 마음대로 볼 수 없고 사람들로부터 외면당한 상태에서도 저술에 전념한 것입니다. 허준도 일흔이라는 나이에 정신적, 육체적 고통을 넘어서서 동아시아는 물론 세계적으로 중요한 의서를 편찬하게 된 것입니다.

본격적으로 《동의보감》 편찬에 나서다

두 차례의 전쟁이 끝나고 선조는 허준에게 5백 권의 의서를 내주며 《동의보감》 편찬을 독려했습니다. 전쟁으로 많은 서적이 약탈당하거나 불에 타 없어졌는데도 《조선왕조실록》 같은 책에 비하면 중요도가 떨어지는 의서가 5백 권이나 남아 있던 것을 보면 조선 시대의 기록 문화가 얼마나 높은 수준이었는지 알 수 있습니다.

전쟁 뒤 정작과 양예수가 《동의보감》 편찬 작업에서 빠졌지만 전쟁 전에 그나마 큰 틀을 잡아 놓은 것은 다행이었습니다. 이때까지 제1권에 해당하는 〈내경편〉, 그중 최소한 '신형(身形)'과 '정기신(精氣神)'을 다룬 부분은 완성되어 있었을 것입니다. 이 부분만큼은 정작의 힘이 없이는 쓸 수 없기 때문입니다. 허준은 이때의 상황을 사람으로 치면 "뼈와 힘줄에 해당하는 부분만 완성되어 있었다."라고 말했습니다. 뼈는 몸을 지탱하는 가장 기본적인 틀이고, 힘줄은 뼈와 뼈, 뼈와 살을 연결하는 줄입니다. 그러니까 이때쯤 《동의보감》의 목차와 각 항목의 서술 원칙과 대략적인 내용이 갖추어졌다는 의미입니다. 그러나 사람은 뼈와 힘줄로만 살 수 없습니다. 살도 있어야 하고 내장도 있어야 합니다. 그러니까 허준의 말은 큰 틀만 완성되었지 《동의보감》의 구체적인 내용은 아직 없었다는 말이 됩니다. 내용을 채워 넣는 것이 바로 허준의 임무였습니다.

그러나 내용을 채워 넣는 것은 쉬운 일이 아닙니다. 수많은 책 중에서 가장 적합한 구절을 찾아내고 그 구절을 다듬어 하나의 문장으로 만들어야 합니다. 임상에 있어서는 중국의 것을 그대로 쓰지 않고 우리 현실에 맞게, 우리의 약으로 처방을 다시 구성해야 합니다. 이는 엄청난 시간과 노력이 필요한 작업입니다. 물론 임상에 대한 깊은 이해가 바탕이 되어야 가능합니다. 학문을 하는 데는 예리한 통찰력과 번뜩이는 아이디어가 필요하지만 학문을 완성하는 것은 무모할 정도의 끈기와 노력입니다. 그래서 '공부는 머리로 하는 것이 아니라 몸으로 한다'는 말도 있습니다.

여기에서 허준이 《동의보감》을 어떻게 썼는지 살펴볼 필요가 있습니다.《동의보감》의 내용은 일부를 제외한 대부분이 기존의 중국 의서에서 인용해서 채워졌습니다. 그래서 어떤 사람은《동의보감》은 그때까지의 의서들을 잘 정리했을 뿐 독창성이 없다고 말합니다. 이런 평가에 대해서는 뒤에서 자세히 살펴보기로 하고, 먼저 허준이 어떻게《동의보감》을 편찬할 수 있었고, 글을 썼는지 살펴보겠습니다.

책을 지으려면 먼저 목적이 분명해야 합니다. 책을 통해 무슨 이야기를 어떻게 할 것인지 정한 뒤 글을 써 나가야 합니다. 사람들이 책을 다 읽고 나서도 무슨 이야기인지 모른다면 그것은 책의 목적이 분명하지 않았기 때문입니다.《동의보감》은 선조의 말에서 편찬 목적이 잘 드러나 있습니다. 당연히 정작이나 허준 등 편찬에 참가한 사람들은 그 목적에 맞게 책을 구상했습니다.

읽을 사람을 정하는 것도 중요합니다.《동의보감》의 경우는 선조가 알기 쉽게 쓰라고 했지만 기본적으로 한문으로 쓰여 있어서 백성들은 볼 수 없었습니다.《동의보감》은 일차적으로 의원과 각 가문의 가장, 오늘날로 치면 지식인들이 읽을 것을 염두에 두고 만들어졌습니다. 다만 약재 부분만은 백성들도 알 수 있도록 한글을 덧붙였습니다.

이렇게 책을 내는 목적과 독자 대상이 정해지면 전체의 구조를 어떤 식으로 잡고 서술할 것인지를 생각해야 합니다. 글의 순서를 정하고 어떤 식으로 마무리할 것인지 생각해야 합니다. 《동의보감》의 경우 몸의 속[내경편(內景篇)]을 먼저 말하고, 그다음으로 몸의 겉[외형편(外形篇)]을 말한 뒤 사람의 몸에 생기는 여러 가지 병[잡병편(雜病篇)]에 대해 말하고, 병을 치료하는 방법인 약물과 침구[탕액편(湯液篇), 침구편(鍼灸篇)]에 대해 말하는 식으로 구조를 잡았습니다. 아주 짜임새 있는 구성입니다. 몸의 안과 밖을 살펴보고 몸이 앓는 온갖 병에 대해 쓴 다음 치료를 위한 구체적인 방법과 수단에 대해 쓴 것입니다. 이런 구성은 당시까지 없던 것으로 《동의보감》이 유일합니다.

이렇게 큰 틀을 정한 다음에는 구체적으로 각 편의 내용을 어떻게 할 것인지를 정해야 합니다. 예를 들어 〈내경편〉은 다음과 같이 구성했습니다. 맨 먼저 이 책을 쓰는 데 참고한 서적을 나열했습니다. 요즘에는 대부분 책의 맨 뒤에 참고한 책을 밝혀 놓지만, 책이라는 것이 온전히 개인의 창작인 경우는 없으므로 자기가 하고자 하는 말의 근거를 밝힌다는 점에서 앞에 두는 것이 합당할 것입니다. 그다음으로 사람의 몸을 그린 그림이 나옵니다. 이렇게 그림을 맨 앞에 놓는 방식은 《동의보감》의 큰 특징인데, 그림은 말보다 더 빨리 의미가 전달

됩니다. 그림을 먼저 보여 줌으로써 글이 말하려는 바를 더 빨리 느끼게 하려는 의도입니다. 그다음으로는 몸에 대한 전체적인 개요에 해당하는 '신형'이라는 항목이 나오고, 몸을 이루고 있는 가장 중요한 요소인 '정기신'에 대해 설명합니다. 그다음 정기신의 작용에 의해 나오는 다양한 것 중에서 몸 안에 있는 것을 다루고 있습니다. 피나 진액이 오장육부보다 먼저 나옵니다. 이처럼 세부적인 목차를 정하는 일이 있습니다.

세부 목차가 완성되면 각 항목을 어떻게 쓸 것인가 하는 문제가 나옵니다. 본격적으로 글을 쓰는 과정은 바로 여기서부터 시작됩니다.《동의보감》에서 각 항목은 '총론'으로 시작합니다. 그 항목의 가장 기본적인 개념을 정리한 것입니다. 예를 들어 '심장'이라고 하면 심장의 모양, 위치, 역할, 생리와 병리등을 쓰고 그다음으로 병에 대해 쓴 다음《동의보감》의 중요한 목적 가운데 하나인 개인 양생에 필요한 내용을 썼습니다. 즉 심장의 기를 기르기 위해 일상생활에서 할 수 있는 방법을 소개하고 마지막으로 누구나 쉽게 병을 치료할 수 있는 약물과 음식을 소개합니다.《동의보감》은 이렇게 구성되어 '상세하되 산만하지 않고 간결하되 포괄하지 않음이 없다(《동의보감》서문)'라는 평가를 받았습니다.

《동의보감》을 기존의 의서에서 이런저런 문장을 갖다가 늘어놓은 책, 요약만 잘한 책, 짜깁기에 불과한 책이라고 오해하는 부분도 있습니다. 실제 《동의보감》을 분석해 보면 90퍼센트 이상이 기존 의서에 있는 문장으로 되어 있습니다.

조선에는 '술이부작(述而不作)'의 전통이 있었습니다. '술이부작'은 공자가 한 말인데, '옛 성인들의 말을 좇아 서술하되 새로 지어내지 않는다'라고 해석합니다. 그런데 이 말을 창작을 하지 말라는 뜻으로 받아들이면 안 됩니다. 만일 옛것을 그대로 베껴 쓰기만 하고 새로 짓지 않는다면 글을 써야 할 이유가 없으니 성인의 글 이외에는 다른 글이 존재하지 않을 것입니다. '술이부작'은 옛 성인의 말을 통해 드러난 생각과 깨달음에 근거하여 써야지 함부로 자기 생각에 따라 써서는 안 된다는 의미로 받아들여야 합니다. 함부로 자기 생각에 따라 짓지 말라는 뜻이지 아예 짓지 말라는 말이 아니므로 '술이부작'은 성인의 글을 인용함으로써 자신의 생각을 드러내는 글쓰기의 한 방식으로 이해해야 합니다.

그러면 어떻게 하는 것이 '술이부작'의 뜻을 살리는 글쓰기일까요? 똑같은 글이라도 어떤 맥락에서 인용하는가에 따라 그 의미가 달라지는 것을 이용해야 합니다. 예를 들어, 죽을죄를 지어 놓고는 《성경》의 "너희 가운데 죄 없는 자, 돌로 저 여자를 쳐라."라는 구절을 인용하거나 부처님의 "살생을 하지 마라."는 말을 인용한다면 원래 뜻을 왜곡한 것입니다. 그러므로 이런 전통을 따르는 글들은, 그것이 과거의 글을 그대로 베꼈는지가 중요한 것이 아니라 어떤 맥락에서 그 글을 인용했는지가 중요합니다. 지금까지는《동의보감》을 이런 관점에서 읽지 못했기 때문에 여러 가지 오해가 생긴 것입니다.

'술이부작'은 레고 놀이에 비유할 수 있습니다. 똑같은 레고 조각을 가지고 어떤 사람은 비행기를 만들고 어떤 사람은 배를 만들기도 합니다. 레고 놀이에서는 어떤 조각을 썼는지가 중요한 것이 아닙니다. 어떤 생각으로 그 조각들을 맞추었는지가 중요합니다.《동의보감》도 마찬가지입니다. 기존에 다른 책에 있는 문장들을 맞추어 지금껏 없던 새로운 책을 만들어 낸 것입니다. 따라서《동의보감》은 글자 하나하나만 읽어서는 이해되지 않으며 전체적인 맥락을 살펴 읽어야 그 뜻을 제대로 이해할 수 있습니다.

그런데《동의보감》은 기존의 문장들을 인용하면서 어떤 책에서 인용했는지를 일일이 밝혀 놓았습니다. 이는 학문에 있어서 매우 중요한 작업입니다. 남의 글을 인용하면서 출처를 밝히지 않고 마치 자신이 생각해 낸 것처럼 꾸미는 일은 학문에서 가장 부끄러운 행동입니다. 출전을 밝히는 것은 자신보다 먼저 생각하고 연구한 사람을 존중하는 의미도 있지만 출전을 밝혀 놓아야 다른 사람이 내용을 검증할 수 있기 때문에 꼭 필요한 과정입니다. 그럼으로써 학문이 세대를 이어 발전할 수 있습니다.

《동의보감》 이전에 나온 책에서도 다른 책을 인용할 때는 대개 출전을 밝혔지만 《동의보감》처럼 세부적인 것까지 밝혀 놓지는 않았습니다. 그러면 허준이 이렇게 일일이 출전을 밝힌 까닭은 무엇일까요?

《동의보감》에서 인용된 문장을 출전을 찾아 원문과 비교해 보면 많은 경우 조금씩 달라졌음을 확인할 수 있습니다. 대부분은 하나의 문장을 만들기 위해 요약하거나 불필요한 부분을 빼거나 부족한 부분은 보충하는 식으로 다듬었습니다. 그런데 어떤 부분은 원문과 의미가 다르게 해석되도록 글자를 바꾼 경우도 찾아볼 수 있습니다. 특히 '음양'과 같은 글자는 서로 반대의 뜻을 갖고 있어서 '음' 자를 '양' 자로 바꾸면 뜻이 거꾸로 바뀝니다. 한자는 그 특성상 글자 하나만 바꾸어도 뜻이 달라지는 경우가 대부분입니다. 바로 이런 식으로 인용했기 때문에 허준은 일일이 출전을 밝혀 놓은 것입니다. 비유하자면 레고 조각을 하나하나 일일이 쌓아서 완전히 새로 만든 셈이기 때문에 출전을 밝혀서 인용한 책과 비교해 보라는 의도가 들어 있습니다. 특히 처방에서는 많은 경우 약재의 용량을 바꿔 놓았습니다. 이는 중국의 처방이 우리나라 사람의 몸에 맞지 않는 경우가 많기 때문에 우리 실정에 맞게 바꾼 것입니다. 때로는 더 효과적인 치료를 위해 약재를 바꾸기도 했습니다. 그리고 우리나라에서 나지 않는 약재인 경우 우리 것으로 대체한 경우도 있습니다. 이렇게《동의보감》을 꼼꼼히 읽다 보면 '술이부작'의 의미를 분명하게 알 수 있습니다.

《동의보감》, 의학의 모든 것을 담다

　《동의보감》은 아주 방대한 책은 아니지만 그렇다고 적은 양도 아닙니다. 모두 25권 25책으로 되어 있어서 인쇄에도 많은 비용이 들어갔습니다. 더구나 《동의보감》이 발간된 때는 전쟁 뒤 나라 살림이 크게 어려웠고, 전염병까지 크게 돌아 많은 사람이 죽어 나갔습니다. 게다가 허준은 당쟁의 광풍에 휩쓸려 유배되는 등 《동의보감》을 편찬할 여건도 최악이었습니다. 광해군도 당쟁의 희생이 될 처지였습니다. 그런데도 광해군은 선조의 뜻을 이어 《동의보감》의 발간을 강행합니다. 광해군이 《동의보감》의 발간을 밀어붙인 까닭은 무엇일까요?

　《동의보감》을 편찬하게 된 동기는 앞에서 본 것처럼 선조의 말에 잘 드러나 있습니다. 그것은 기존의 중국 의서들이 너무 잡다해서 이를 정리할 필요가 있었습니다. 또한 새로운 의서는 개인의 양생을 위주로 하고, 향약을 널리 알릴 목적이었습니다. 전쟁과 기근, 전염병도 의서 편찬을 서둘러야 하는 까닭 가운데 커다란 부분이었습니다. 그러나 이것만으로는 편찬의 배경을 설명하기에는 부족합니다.

《동의보감》이 발간되는 17세기의 조선은 세계 역사상 유례없는 성리학의 나라가 완성되는 시기입니다. 고려는 대규모의 토지를 소유하고 있던 지주들이 주인인 나라였습니다. 이들은 불교를 믿었습니다. 그러나 조선은 새로 등장한 신흥 지주들이 주인인 나라로, '사대부'라고 불린 이들은 아직 소규모의 토지만 갖고 있을 뿐이어서 대지주에 비해 힘이 부족했습니다. 그래서 이들은 이성계를 중심으로 한 무인 세력과 힘을 합하여 고려를 엎었습니다. 한마디로 대지주를 몰아내고 그 자리를 차지했습니다. 그런 폭력적인 과정을 정당화시키는 이념으로 성리학을 내세웠고, 불교를 배척했습니다. 그래서 16, 17세기에 성리학의 나라가 완성되었습니다.

사대부들은 한양을 중심으로 충청, 영남, 호남에 자리를 잡았습니다. 이들을 '사림'이라고 부릅니다. 일단 자리가 잡히자 사림 사이의 투쟁이 시작됩니다. 이해관계에 따라 붕당을 만들고 피비린내 나는 투쟁을 벌입니다. 이를 '당쟁'이라고 하는

데, 선조 때 시작된 일입니다.

왕권도 가만있지 않았습니다. 지나치게 커지는 사림 세력을 두려워하여 이런저런 구실을 내세워 사림을 억눌렀습니다. 사화가 대표적입니다. 사화가 일어날 때마다 수많은 사람이 죽어 나갔습니다. 이에 사림들은 힘을 합쳐 왕을 몰아냅니다. 이를 '반정'이라고 하는데, 역시 많은 사람이 희생되었습니다. 당쟁과 사화와 반정이 난무하는 사회, 조선의 가장 부정적인 측면입니다.

조선은 낮에는 성리학이 지배하는 사회였지만 밤에는 불교와 도교가 여전히 큰 힘을 갖고 있었습니다. 정치나 학문 같은 공식적인 부분은 성리학이 장악했지만 백성들은 성리학을 이해하기 어려웠고 전통적으로 내려오던 불교와 도교를 믿었습니다. 특히 죽음과 관련된 문제에서는 불교와 도교에 전적으로 매달렸습니다. 그래서 사림들이 '소격서(昭格署)'라는 도교 사원을 폐지하라는 상소를 자주 올렸지만 임금들은 없애지 않고 유지해 왔습니다. 불교도 마찬가지입니다. 오히려 궁궐 안에 절을 짓는 경우도 있었습니다. 경제적으로나 정치적, 학문적으로 열세에 있던 왕으로서는 백성의 지지가 가장 든든한 힘이 되었을 것입니다. 이런 의도는 《동의보감》서문에 잘 드러나 있습니다.

"(선조께서는) 몸을 다스리는 법[理身]으로, 모든 사람을 구제하려는 어진 마음[仁]까지 넓혀 가서 의학에 마음을 두셨고 백성의 고통을 근심하셨다."

이는 단순히 왕을 내세우기 위한 글이 아닙니다. 특히 몸을 다스리는 법을 넓혀서 나라를 다스린다는 말은 성리학에서 나오는 말이 아닙니다. 불교나 도교, 특히 도교에서 쓰는 말입니다. 성리학에서는 '수신(修身)'이라는 말을 씁니다. 선조는《동의보감》을 편찬하면서 도교를 믿는 백성들을 염두에 두었던 것입니다.

《동의보감》은 바로 이런 상황에서 나왔기 때문에 성리학이 지배하는 나라에서 도교의 관점으로 새롭게 구성되었습니다. 여기에는 백성의 지지를 얻기 위한 의도가 깔려 있고,《동의보감》과는 거의 관계가 없는 불교 이야기도 몇 구절 넣었습니다. 당시 백성들은 대부분 도교를 믿었고, 세력은 많이 약화되었지만 잔존하던 지주층들이 믿는 불교를 아우른 것입니다. 언뜻 보기에 유·불·도 삼교가 모여 서로 소통하고 있는 것처럼 보이지만 그 뒤에는 이처럼 복잡한 상황이 깔려 있습니다.

또한《동의보감》과 같은 중요한 서적을 발간함으로써 왕권이 건재함을 알리는 효과도 있었습니다. 왕의 업적이 그만큼 늘어나기 때문입니다. 그래서 광해군은《동의보감》이 완성되었다는 말을 듣고 눈물을 흘릴 정도로 감격했습니다.

"양평군 허준이 일찍이 선왕 때에 의서를 편찬하라는 특별한 분부를 받들어 오래도록 깊이 생각하여, 유배되어 떠돌아다니던 중에도 그 직무를 버리지 아니하고 한 질의 책을 편찬하여 나에게 바쳤다. 선왕께서 편찬하라 명한 책을 덕이 부족하고 아직 상복을 입고 있는 나에게 다 이루어졌다고 고하니 슬픈 마음을 이길 수 없다."

선조는 광해군의 아버지지만 광해군을 내치려고 했습니다. 정치적으로 따지면 적이나 다름없었습니다. 광해군은 잘못하면 아버지에게 죽음을 당할 수도 있었습니다. 광해군도 임금의 자리에 오른 뒤 자신의 이복동생인 영창대군을 죽였습니다. 아마도《동의보감》을 받아든 광해군은 머릿속에 온갖 상념이 지나갔을 것입니다.《동의보감》은 선조의 명을 받고 15년 만인 1610년에 완성되었습니다. 허준의 나이 72세였습니다. 출판은 1613년에 이루어집니다.

《동의보감》이 나오기 전까지는 우리나라 의학을 '동의(東醫)'라고 부르지 않았습니다. 그냥 '의학(醫學)'이라고 했습니다. '동의'라는 이름은 바로《동의보감》에서 나왔습니다. 그런데 왜 하필 '동쪽의 의학'이라는 뜻의 '동의'라고 불렀을까요? 우리 민족의 뿌리가 동이(東夷)이기 때문에 우리나라를 상징

하는 방위는 동쪽입니다. '동해(東海)'라고 할 때도 단지 '우리나라의 동쪽에 있는 바다'라는 뜻보다도 '우리나라의 바다'라는 뜻이 더 큽니다. 이런 식으로 '동방예의지국(東方禮義之國)'이라고 할 때처럼 '동' 자의 용례가 많습니다. 그러나 여기에는 다른 뜻이 또 있습니다.

허준은 당시 동아시아의 의학을 크게 남의(南醫)와 북의(北醫)로 나누었습니다. 중국의 양자강을 중심으로 그 북쪽에서 유행하던 의학을 '북의'라고 하고, 남쪽의 의학을 '남의'라고 한 것입니다. 두 의학은 각 지역의 특성(기후, 토양, 수질 등)과 그에 따른 사람들의 체질과 병의 차이, 그 지역에서 나는 약재의 차이 등에 따라 다른 색깔을 갖고 있었기 때문입니다. 그래서 어떤 이들은 남의와 북의는 서로 대립되는 것으로 생각했지만 사실 의학이라는 공통점을 갖고 있습니다. 한마디로 말하면 남의와 북의는 각각의 특수성이 있지만 둘 다 의학이라는 보편성을 가지고 있습니다.

허준은 그런 상황을 들면서 우리의 특성을 살려 새로 의서를 만들었기 때문에 동쪽의 의학, 곧 '동의'라고 이름 붙인 것입니다. 그러므로 '동의'라는 이름에는 중국에 맞서 우리의 독자적인 의학 체계를 만들었다는 자부심이 드러나 있습니다. 그러면서도 남의나 북의와 같이 모두 의학이라는 보편성도 갖고 있음을 보여 준 것입니다.

당시 조선은 중국에 눌려 지내던 때였습니다. 그래서 '우리 조정[本朝, 본조]'이라고 하면 그것은 조선이 아니라 명나라의 조정을 가리키는 말이었습니다. '조선'이라는 이름도 명나라의 허락을 받아야 쓸 수 있었고, 왕세자의 책봉도 명나라의 허락이 있어야 가능했습니다. 그런 상황에서 우리의 독자성을 세계에 선언한 것입니다. 만일《동의보감》이 한 개인의 저작이었다면 큰 문제가 되지 않을 수 있습니다. 그러나《동의보감》은 왕명에 따른 국책 사업이었으므로 이름을 문제 삼으려고 들면 그럴 수도 있었습니다. 그래서 국제 관계에 밝고 왕권을 강화하기 위해 힘쓴 광해군 때에 와서 비로소 '동의'라고 이름 지은 것입니다.

한편 '보감(寶鑑)'이라는 말은 '보배로운 거울'이라는 뜻입니다. 거울은 세상의 모든 것을 비추어 무엇 하나 빠뜨리는 법이 없습니다.《동의보감》은 그런 거울처럼 의학과 병에 관한 모든 것을 담은 보물이라는 의미로 '보감'이라는 말을 당당히 붙인 것입니다.

《동의보감》, 의학 서적
최초로 세계기록유산이 되다

2009년 유네스코는 《동의보감》을 세계기록유산으로 선정했습니다. 이는 의학 서적으로는 세계 최초의 일입니다. 더구나 중국이 자신들의 의학 서적을 세계기록유산으로 먼저 등록하려던 때여서 선정 의미가 더욱 컸습니다. 우리 국민도 이를 경사로 여겼지만 일부 단체는 오히려 《동의보감》을 비난하기도 했습니다. 《동의보감》은 역사적인 골동품으로는 가치가 있을지 모르지만 미신이 많이 들어 있는 책이며 의학적, 과학적 가치는 없다고 말했습니다. 또한 어떤 사람은 《동의보감》을 절대 진리로 신봉하기도 합니다. 그래서 《동의보감》의 한 글자도 바꾸어 해석하면 안 된다고 이야기하고, 실제 임상에서도 《동의보감》의 처방을 그대로 씁니다. 어떤 약도 빼거나 더해서는 안 된다는 것입니다.

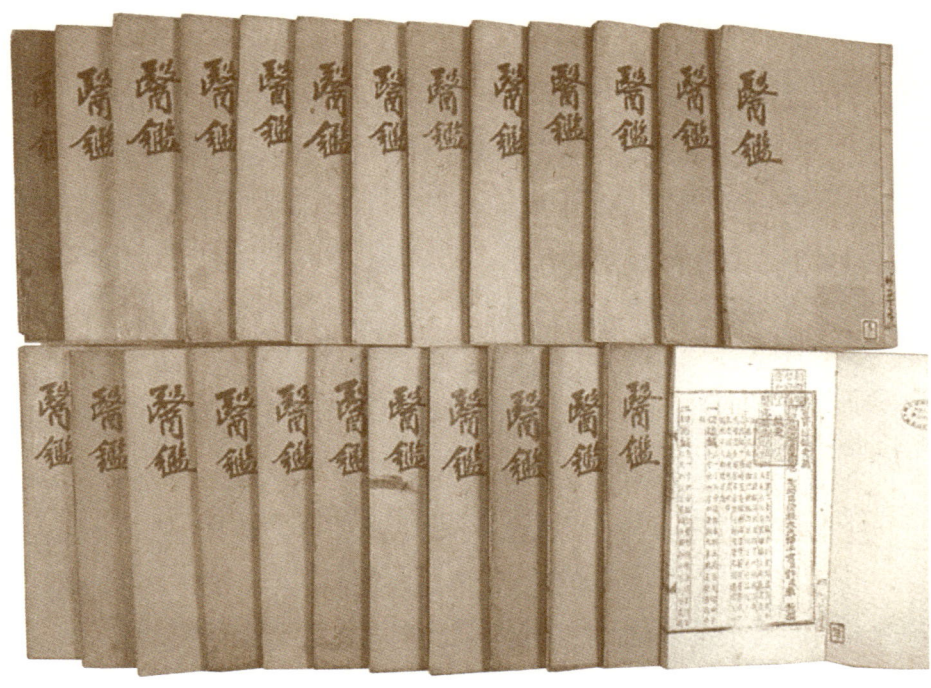

《동의보감》 2009년 7월 31일 유네스코 세계기록유산으로 등재되어
우리나라 의학 기술의 위상을 세계에 알렸습니다. © 국립중앙도서관

　이렇게 상반된 평가가 나오는 까닭은 무엇보다도 《동의보
감》을 제대로 읽지 못한 탓입니다. 《동의보감》을 제대로 읽지
못한 것은 일제 강점기와 미군정을 거치면서 한의학이 억압받
고 말살되어 제대로 전승되지 못했기 때문입니다. 그리고 한
국전쟁을 거치면서 많은 한의사가 북한으로 넘어갔습니다. 이

런 이유로 한의학의 전통이 제대로 전해지지 못했습니다.

또 다른 이유는 《동의보감》의 글쓰기 방식을 이해하지 못한 데에 있습니다. 글자 그대로만 보고 문맥을 제대로 파악하지 못한 탓입니다. 그리고 많은 경우 《동의보감》을 동아시아의 전근대 의학으로 이해하지 않고 근대 서양과학의 관점에서 읽기 때문에 그 내용을 오해하기도 합니다. 《동의보감》은 400년 전에 발간된 오래된 책입니다. 그때의 내용이 오늘날의 관점에서 보면 이해하기 어려운 부분도 있고, 당시에는 자연스러웠던 것도 지금은 어색하게 보일 수도 있습니다. 우리가 고전을 보는 이유는 고전이 모두 진리라고 여겨서가 아니라 그것이 보편적이고 합리적인 핵심을 갖고 있기 때문에 그런 고전의 정신을 배우기 위해서입니다. 그럼에도 부분적인 문제를 과장하여 고전 전체를 싸잡아 비난하는 것은 올바른 태도가 아닙니다.

유네스코는 "《동의보감》은 그 내용이 독특하고 귀중하며 오늘날에도 사용되고 있기 때문에 동아시아의 중요한 유산이다. 역사적으로 《동의보감》의 적용은 한국 사회에 국한된 것으로 보일 수 있으나, 장기적인 관점에서 볼 때 이러한 분과의 의학 지식은 현대 서양의학이 발견되기 전까지 수백만 동아시아인의 건강에 기여했다. 또한 《동의보감》은 아직도 여러 방면에서 서양의학보다 우수한 것으로 인정받고 있다. 따라서《동의보감》의 세계 의학사에 대한 기여는 상당한 것으로 볼 수 있다."라고 선정 이유를 밝혔습니다. 오히려 외국에서, 그것도 국제적인 단체에서《동의보감》의 가치를 높게 인정한 셈입니다.

《동의보감》이 나오고 150년쯤 지나 연암 박지원이 북경의 유리창에 갔는데, 조선 책 가운데 유일하게《동의보감》이 나와 있었습니다. 중국에서 나온 판본은 장정이 몹시 아름다웠는데 그만큼 값이 비쌌습니다. 박지원은 결국 사오지 못했고, 이를 두고두고 아쉬워했습니다. 당시 북경은 세계 교역의 중심지였고, 유리창은 세계 최고급 정보가 유통되던 문화 공간이었습니다. 오늘날로 치면 뉴욕이나 파리의 번화가에서《동의보감》을 살 수 있었던 셈입니다. 그것도 당대 최고 학자인 능어(凌魚)의 서문을 붙여 출판되었습니다(1766년 초판). 능어는 서문에서《동의보감》을 '천하의 보물'이라고 했습니다. 이후 중국에서는 청나라 때까지 16종 이상의 판본이 나왔는데, 이는 20년에 한 번 이상 새로운 판본이 나온 꼴입니다. 대만 역시《동의보감》을 여러 차례 출판했습니다.

좀 더 거슬러 올라가 일본의 에도 시대에 한 의사는《동의보감》을 '신선의 경전'이라고 평가했습니다. 당시 일본에서는

《동의보감》 한 질을 갖고 있는 것만으로도 권위를 인정받을 수 있었기 때문에 권력자들은 수시로 조선에 《동의보감》을 요청했습니다. 물론 여기에는 조선 침략이라는 구상이 깔려 있어서, 이들은 《동의보감》을 연구하는 한편 왜관 등을 통해 조선의 약재를 조사하고 인삼을 비롯한 많은 약재를 일본으로 밀반출했습니다. 조선을 식민지로 만든 뒤에는 《동의보감》 같은 중요한 의서들을 일본으로 가져갔습니다. 지금도 그 의서들은 일본에 보관되어 있는데 어느 누구에게도 공개하지 않고 있습니다.

《동의보감》은 중국이나 일본뿐만 아니라 베트남이나 몽골, 나아가 유럽으로도 퍼져 나갔습니다. 그 결과 지금까지 독일어, 영어, 일어 번역본이 나왔고(아쉽게도 이들은 전체를 번역한 완역이 아님) 최근 완역을 목표로 중국과 베트남에서 번역을 하고 있습니다.

《동의보감》의 핵심은 정기신이다

 《동의보감》은 400년 전의 의학 서적이지만 지금도 한의대의 교재로 쓰이고 있고 무엇보다도 임상에서 치료의 기준이 되고 있습니다. 또한 거의 모든 국민이 《동의보감》이라는 이름을 알고 있습니다. 그러나 정작 《동의보감》을 읽어 본 사람은 많지 않은데 《동의보감》의 번역본을 읽어 본 사람들은 의외로 쉽고 재미있다고 말합니다. 지금부터 《동의보감》의 특징을 살펴보겠습니다.

 《동의보감》의 핵심은 '정기신(精氣神)'이라고 할 수 있습니다. 정기신은 사람의 몸을 이루고 있는 세 가지 보물입니다. 사람의 몸이 정기신으로 이루어졌다고 보는 것은 도교의 관점입니다. 《황제내경》 같은 도교 의서를 제외하면 사람을 정기신으로 본 의학 서적은 없었습니다. 그리고 처음부터 끝까지 정기신의 관점을 유지한 서적은 《동의보감》이 유일합니다. 그러면 정기신이란 무엇일까요?

'정(精)'은 사람의 몸을 만드는 물질을 말합니다. 여기에는 선천적인 정과 후천적인 정이 있습니다. 선천적인 정은 부모로부터 받은 것이고, 후천적인 정은 음식을 먹어서 만들어진 것입니다. '기(氣)'는 그런 정이 운동하고 변화하면서 생기는 것입니다. 기는 눈에 보이지 않지만 다른 것에 작용하여 그것을 변화시키는 힘을 갖고 있습니다. 볼 수는 없지만 우리는 그것을 확인할 수 있습니다. 예를 들어 오늘날에도 쓰이는 말로, 담력(膽力)이 세다는 말이 있는데, 이때의 담력이 바로 담의 기입니다. 대담(大膽)하다는 말도 담의 기가 크다는 뜻입니다. 한의학에서 담(膽)은 결단을 내리는 장기입니다. 그래서 어려운 상황에서도 담의 기가 크면 용기를 낼 수 있습니다. 반면 소심(小心)하다는 말도 있습니다. 심장의 기가 작은 것입니다. 소심하면 조심하게 되고, 이런저런 생각을 많이 하게 되므로 곧장 나서기보다는 몸을 사리게 됩니다. 이런 식으로 오장육부의 기를 확인할 수 있습니다. 또한 침을 맞거나 기공 수련을 하면 몸 안에 기가 흐르는 것을 느낄 수 있습니다. '신(神)'은 그렇게 기가 작용하여 드러나게 되는 생명력입니다. 가장 대표적인 것으로 정신 작용을 들 수 있습니다. 신명(神明) 난다는 말이 있는데, 이는 생명력이 최고조로 발현된 상태입니다. 기쁜 마음으로 열심히 일하거나 예술 행위에 몰두하거나 종교적으로 몰입하게 되면 이런 신명이 발휘됩니다.

《동의보감》의 제1권인 〈내경편〉은 이와 같이 정기신에 대한 설명으로 시작하여 오장육부를 거쳐 소변, 대변으로 끝납니다. 제2권은 〈외형편〉으로 머리와 얼굴, 눈, 코, 귀, 입 등 몸의 겉에서 보아 알 수 있는 것들을 중심으로 서술했습니다. 〈외형편〉은 팔다리를 거쳐 마지막으로 요도와 항문으로 끝납니다. 〈내경편〉이 소변과 대변으로 끝나는 것과 일치합니다. 제3권은 〈잡병편〉으로 먼저 병의 진단법과 치료하는 원칙을 설명한 뒤 각종 질병에 대해 설명하고 있습니다. 〈잡병편〉은 부인과 소아를 다루고 끝마칩니다. 다른 의서들이 대부분 부인과와 소아과를 독립된 항목으로 다루거나 아예 별도의 책으로 되어 있는 데에 비하면 다소 간략하다고 할 수 있습니다. 의학은 시대의 산물입니다. 그래서 중국의 전설적인 명의 편작이 아이들을 위하는 마을에 가서는 소아과 의사가 되고 부인을 위하는 마을에 가서는 부인과 의사가 되었던 것처럼 시대에 따라 부인과와 소아과의 비중이 달라집니다. 부인과 소아의 비중이 적은 것도 사대부 남자가 중요했던 조선 시대 상황을 반영한 것입니다.

마지막은 〈탕액편〉과 〈침구편〉입니다. 〈탕액편〉은 본초, 곧 약물에 대해 쓰여 있습니다. 세상은 처음 물에서부터 시작했기 때문에 물이 맨 먼저 나옵니다. 물을 단순히 H_2O로 생각하는 사람에게는 물이면 다 같은 물이겠지만 《동의보감》에서는 물을 33가지로 나눠 놓았습니다. 첫 번째로는 정화수라고 하여 새벽에 첫 번째로 길은 우물물이 나옵니다. 그밖에 언제, 어디서, 어떤 상태의 물을 얻었는가에 따라 다양한 물이 나옵니다. 물 다음으로는 흙이 나옵니다. 흙도 훌륭한 약이 되며 그 종류가 18가지나 됩니다. 한 예로 동벽토(東壁土)가 있습니다. 옛날에는 벽을 황토 흙으로 발랐는데 아침의 떠오르는 햇빛을 받기 때문에 그 양기를 이용하여 치료에 쓰는 것입니다. 다음으로는 땅에서 나는 곡식이 나오고 뒤이어 그 곡식을 먹고 사는 사람이 나옵니다. 사람이라고 하니까 의아하겠지만 지금도 고급 화장품에 사람의 태반이 사용되는 점을 생각하면 그렇게 낯선 것이 아닙니다. 또한 사람의 젖도 훌륭한 약이 되고, 머리카락이나 빠진 이처럼 사람의 몸에서 나온 여러 가지가 약이 됩니다. 이렇게 동식물과 광물을 포함하여 온갖 약재가 나온 다음 침과 뜸에 대해 서술한 〈침구편〉으로 끝을 맺습니다.

《동의보감》은 사람 중심으로 구성되었다

《동의보감》의 이런 구성은 몇 가지 특징을 갖고 있습니다. 첫째 《동의보감》은 병의 원인이 아니라 사람을 중심으로 구성되었다는 점입니다. 사람의 몸 안과 밖, 그리고 사람이 앓는 병을 다루었습니다. 이렇게 하면 어떤 병에 대해 알아보고 싶을 때 의학 지식이 없는 사람도 비교적 쉽게 찾아볼 수 있습니다. 예를 들어 얼굴에 병이 생겼을 때 얼굴 항목을 찾아보면 병의 원인이 무엇이고 어떻게 치료하는지 쉽게 찾을 수 있습니다. 그리고 민간에서 쉽게 쓸 수 있는 간단한 치료법을 소개하고 있어 스스로 치료할 수도 있습니다. 병명이나 증상을 알고 있으면 〈잡병편〉을 보면 됩니다. 만약 병의 원인을 중심으로 썼다면 병이 났을 때 그 병의 원인을 알아야 찾아볼 수 있습니다. 알기 쉽게 쓰라는 선조의 요구를 훌륭하게 수행한

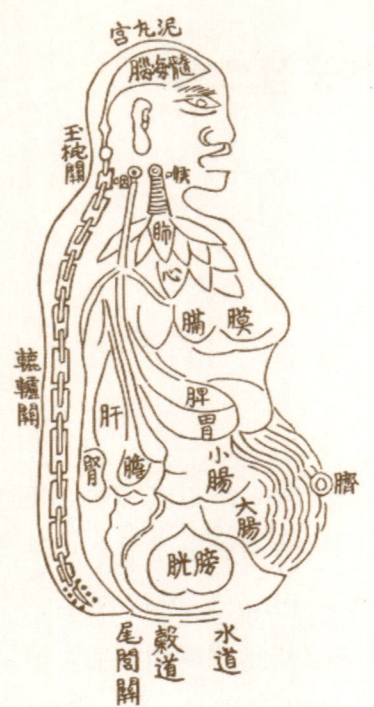

泥丸宮

腦髓骨

玉枕關

橫

肺

心

膈膜

轆轤關

肝

胆

胛胃小腸

大腸

腎

臍

膀胱

尾閭關

穀道

水道

〈신형장부도〉 《동의보감》에 나오는 인체 그림
으로, 장기의 정확한 위치와 모양을 나타낸 것
이 아니라 구역을 나누어 놓은 듯이 보입니다.

것입니다. 둘째는 사람의 몸을 중심에 놓으면서 자연스럽게
사람마다의 차이에 주목하게 된 점입니다. 이를 위해 허준은
본문이 시작되는 맨 앞에 신형장부도(身形臟腑圖)를 그려 놓
고 원나라의 의학자 주진형의 말을 덧붙였습니다.

"(사람마다) 형체와 색이 이미 이렇게 다르고 장부도 역시
다르니, 비록 겉으로 보이는 증상이 같을지라도 치료법은 확
연히 달라야 한다."

이는 뒤에 사람의 체질에 따라 약을 달리 쓰는 사상의학(四象醫學)이 발전하는 출발점이 됩니다. 신형장부도는 사람의 몸과 몸 안에 있는 장부를 그린 것으로, 오늘날의 해부학적 관점에서 보면 다소 우스꽝스럽게 보입니다. 그러나 이 그림은 몸 안의 기가 어떻게 흐르는지를 보여 주기 위해 그렸습니다.

허준은 그림을 그려 놓고 밑에 당나라 때의 전설적인 명의 손사막의 설명을 덧붙여 놓았습니다.

"우주 안에서 사람이 가장 귀하니 머리가 둥근 것은 하늘을 본뜬 것이고, 발이 모난 것은 땅을 본뜬 것이다."

허준은 제일 먼저 우주에서 사람이 가장 귀하다고 했습니다. 이는 흔히 말하는 인본주의와는 다릅니다. 인본주의는 말 그대로 사람이 주인이고, 모든 것의 근본이라는 말입니다. 그러므로 '인본주의'라는 말에는 신을 대신하여 사람이 모든 것을 지배한다는 생각이 들어 있습니다. 그러나 한의학에서 사람이 귀하다고 보는 것은 자연을 본받은 존재이기 때문에 귀합니다. 사람의 머리도 하늘을 본받아 둥글고 발이 모난 것도 땅의 모양을 본받아 모난 것입니다. 고대에는 하늘은 둥글고 땅은 네모나다고 생각했습니다. 이처럼 하늘에 사계절이 있듯이 사람에게는 네 개의 팔다리가 있고, 하늘에 오행(五行)이 있듯이 사람에게는 오장(五臟)이 있다고 말합니다. 하늘에 해와 달이 있듯이 사람에게는 두 눈이 있고, 밤과 낮이 있는 것처럼 사람도 잠을 자는 때와 깨어 있는 때가 있습니다. 천둥과 번개가 있듯이 사람에게는 기쁨과 분노가 있고, 비와 이슬이 있듯이 사람에게는 콧물과 눈물이 있습니다. 그렇지만 이것도 자연의 기가 모여 잠시 형체를 이룬 것에 불과하기 때문에 한의학에서 사람이 가장 귀하다는 말은 곧 자연이 가장 귀하다는 말과 같습니다. 잠시 머물다 가는 자연으로서의 사람, 그 사람의 모양, 즉 몸이 살고 있는 집인 몸집에 대해서는 주진형의 말을 인용하고 있습니다.

"무릇 사람의 형체는 긴 것이 짧은 것만 못하고 큰 것이 작은 것만 못하며 살찐 것이 여윈 것만 못하다. 사람의 색은 흰 것이 검은 것만 못하며 파릇한 색이 짙푸른 것만 못하고 색이 엷은 것은 진한 것만 못하다. 더구나 살찐 사람은 습기가 많고 여윈 사람은 화가 많으며 흰색은 폐기가 허한 것이며 검은색은 콩팥의 기가 넉넉한 것이다."

오늘날과는 몸을 보는 시각이 크게 다름을 알 수 있습니다. 요즘은 키가 큰 것을 좋아하지만 허준은 오히려 작은 것이 더 좋다고 말합니다. 피부도 검게 탄 피부가 더 좋다고 말합니다. 같은 자연의 기가 모여 사람의 몸을 이루었지만 그 몸은 각각 다릅니다. 키가 큰 사람, 작은 사람, 피부가 흰 사람, 검은 사람, 뚱뚱한 사람, 마른 사람……. 허준은 사람마다 생김새가 제각각인 것처럼 사람의 오장육부도 모두 다르다는 것을 말하고 싶었습니다. 겉으로는 같은 병을 앓고 있어도 병의 원인은 겉모습처럼 다르기 때문에 치료도 달라야 합니다. 이는 근대 서양의학과는 전혀 다른 관점입니다. 서양의학에서는 열이 나면 아스피린 같은 해열제를 쓰고 척추의 디스크가 삐져나오면 수술로 잘라 버리는 것처럼 일정한 방법을 씁니다. 물론 이런 치료법 외에 여러 가지 방법이 있겠지만 사람이 다르다고 해서 다른 방법을 쓰는 것은 아닙니다. 이는 모두 병을 중심으로 본 것이지 사람을 중심으로 본 것이 아니기 때문입니다.

한의학에서는 같은 병을 앓고 있어도 사람마다 치료법을 달리 씁니다. 예를 들어 같은 감기라고 해도 사람마다 몸의 상태가 다르므로 증상이 다르게 나타납니다. 당연히 쓰는 약도 달라집니다. 이는 병 자체를 무시하는 것이 아니라 병을 앓는 사람을 중심에 놓았기 때문입니다. 이런 생각은 뒤에 이제마에 의해 사상의학으로 발전하게 됩니다. 이제마가 역사상 위대한 의사를 몇 명 소개하면서 그 가운데 허준을 높게 평가하고 있는 이유가 바로 여기에 있습니다.

한의학에서는 '병들기 전에 치료한다'는 말을 하는데, 예방

한다는 뜻입니다. 미리 대비해서 병이 아예 나지 않게 하는 것이니까 병들기 전에 치료하는 것과 마찬가지입니다. 허준은 병의 예방이 얼마나 중요한지 잘 알고 있었습니다. 그래서 다른 의서에서는 그다지 강조하지 않는 양생을 책의 첫 부분에 많이 실어 놓았습니다.

양생의 가장 중요한 원칙은 사람도 자연의 일부이기 때문에 자연의 질서에 따라야 한다는 것입니다. 그중에서는 계절의 변화가 가장 중요합니다. 봄에는 봄에 해야 할 일이 있고, 겨울에는 겨울에 해야 할 일이 따로 있습니다. 계절마다 해야 하는 일이 다르듯이 자고 일어나는 일도 계절에 따라 달리해야 합니다.

한의학에서는 무조건 일찍 자고 일찍 일어나면 안 된다고 말합니다. 일찍 자고 일찍 일어나는 것이 상식으로 굳어 있지만 이는 자연의 질서를 따르는 양생법의 관점에서는 옳지 않습니다. 왜 그럴까요?

봄은 겨울의 추위로부터 양기(陽氣, 따뜻한 기운)가 솟아나는 때입니다. 만물이 살아나 싹을 틔우고 잎을 피웁니다. 이때는 양기를 최대한 받아들이기 위해 일찍 일어나야 합니다. 그리고 늦게까지 남아 있는 양기를 받아들이기 위해 늦게 자야 합니다. 여름도 마찬가지입니다. 양기가 가장 왕성한 때이고 만물도 꽃이 피고 무성하게 자랍니다. 그러므로 양기를 받아들이기 위해 여름에도 일찍 일어나고 늦게 자야 합니다. 다만 가을은 아직 양기가 남아 있기는 해도 저녁이 되면 음기(陰氣, 찬 기운)가 몰려오기 시작합니다. 그러므로 가을에는 일찍 일어나되 일찍 자야 합니다. 겨울은 해가 떠도 음기가 남아 있습니다. 그러므로 늦게 일어나야 합니다. 저녁이 되면 음기를 피하기 위해 일찍 자야 합니다. 이렇게 보면 일찍 자고 일찍 일어나야 할 때는 가을뿐입니다. 어떤 사람은 "설혹 그것이 맞다 하더라도 요즘은 냉난방이 잘되니 계절에 관계없이 일어나고 자도 된다."라고 말할지 모릅니다.

사람은 자연과 마찬가지로 생체 시계를 갖고 있습니다. 겉으로 느끼는 추위나 더위가 문제가 아니라 자연의 변화에 따라 몸 자체가 변합니다. 이를 거스르면 당장은 느끼지 못하지만 이런 잘못된 것이 쌓여 차츰 병이 생기게 됩니다. 또 어떤 사람은 "생체 시계에 맞춰 살다 보면 사회생활을 할 수 없게 된다."라고 말하기도 합니다. 맞는 말입니다. 겨울이라고 늦게 일어나면 회사나 학교를 제대로 다닐 수 없습니다. 그렇지만 하루 8시간 자고, 8시간 일하고, 8시간 쉬는 것은 자연의 질서에 맞춘 것이 아니라 3교대 하는 공장의 일과에 맞춘 것입니다. 그 틀에 맞추다 보니 항상 일찍 일어나 9시까지 출근

하고 이튿날 일찍 일어나기 위해 일정한 시간에 자도록 유도한 것입니다. 자연이 아니라 기계에 사람을 맞춘 셈입니다. 이렇게 살게 된 것은 인류의 기나긴 역사에서 아주 짧은 시간, 겨우 200~300년밖에 되지 않았고, 우리나라의 경우 100년 정도 전부터 시작된 일입니다. 사람도 자연이기 때문에 자연의 질서를 따라야 건강할 수 있습니다. 그러므로 한의학에서는 자연의 질서를 따르는 것을 양생의 첫걸음이라고 봅니다.

다음으로 마음을 비우는 것이 양생에서 중요합니다. 자연의 질서를 따르지 않게 되는 것은 욕심 때문입니다. 남보다 더 많이 갖고, 남이 갖지 않은 것을 가지려는 욕심 때문에 자연을 거스르고 무리를 하게 됩니다. 권력과 돈, 명예, 무병장수를 바라는 마음이 대표적인 욕심입니다. 더 많은 돈을 벌고, 더 큰 권력과 명예를 얻기 위해 일찍 자야 하는데도 밤을 새워 일합니다. 기계를 돌려 더 많은 돈을 벌기 위해 나 자신은 물론 다른 사람도 잠을 자지 못하게 합니다. 이 모든 것이 병을 만듭니다. 그러므로 마음을 비우고 욕심을 줄이는 것이 몸과 마음의 건강을 위해 중요합니다.

그러나 이는 쉬운 일이 아닙니다. 그만큼 힘든 일이기 때문에 우리는 욕심을 버린 사람들을 존경합니다. 돌아가신 김수환 추기경이나 법정 스님이 그런 분들입니다. 예수나 석가모니, 공자는 더 말할 나위도 없습니다. 《동의보감》에서는 이렇게 말합니다.

"병을 고치려면 먼저 마음을 고쳐라."

병의 근본 원인은 마음에 있다는 말입니다. 병을 일으키는 원인에는 전염병처럼 외부의 나쁜 기운도 있고, 교통사고처럼 우연히 일어나는 일도 있지만 대부분의 병은 마음을 잘못 다스려서 온다고 본 것입니다.

마음을 비운다는 것은 아무런 감정도 없는 상태를 뜻하지 않습니다. 고요한 연못에 돌을 던지면 파문이 일지만 시간이 지나면 다시 고요해지는 것처럼, 때로는 슬프고 화가 나고 기쁘기도 하지만 거기에 치우치지 않는 것입니다. 그렇게 하려면 어느 하나에 집착하면 안 됩니다. 사람은 물론이고 놀이나 물건에 집착하게 되면 마음을 비울 수가 없습니다. 치우치지 않고 집착하지 않는 것, 그것이 바로 마음을 비우는 것입니다.

《동의보감》과 민간요법

　《동의보감》은 풍부한 민간요법을 싣고 있습니다. 민간요법이란, 한두 가지 약물이나 음식으로 병을 치료하는 것으로, 인류가 탄생하면서부터 본능적으로 발전했습니다. 동물들도 탈이 나면 평소에는 잘 먹지 않던 특정한 식물이나 광물을 먹습니다.

　쇠뜨기는 밭이나 논둑에 흔하게 자라는데 뿌리가 길게 뻗어 골칫거리이기도 합니다. 소가 잘 뜯어 먹어 이름 붙여졌는데, 특히 소가 배탈이 나면 잘 먹습니다. 열이 나면서 소변을 잘 보지 못하거나 관절염에 효과가 있습니다. 그러나 성질이 차기 때문에 몸이 찬 사람이 먹으면 오히려 해가 됩니다. 이처럼 민간요법은 누구나 간단하게 쓸 수 있지만 쇠뜨기의 예에서 보는 것처럼 민간요법을 쓸 때는 어떤 병에 어떻게 쓰는지, 부작용은 무엇인지 잘 알고 써야 합니다.

　민간요법의 오랜 경험을 이론적으로 정리한 것이 약물학인데, 한의학에서는 '본초학(本草學)'이라고 합니다. 약물로 쓰이는 대부분이 식물이어서 '풀 초(草)' 자
가 붙었습니다. 특히 우
리나라는 좋은 약재가
많이 나는 곳으로 유명
합니다. 같은 식물도 우
리나라에서 자라면 더
좋은 결실을 맺기 때문
에 이런 좋은 자원을 바
탕으로 민간요법을 개발

쇠뜨기

하여 정리해 왔습니다. 그 결과 《동의보감》에 풍부한 민간요법을 실을 수 있었습니다.

　이런 민간요법을 '단방(單方)'이라고 부릅니다. '홑 단(單)' 자를 써서 '하나의 약물로 치료하는 처방'이라는 뜻입니다. 《동의보감》 곳곳에 단방이 나오지만 특히 제1권 〈내경편〉에는 항목마다 단방을 따로 두어 자세히 소개하고 있습니다. 한 가지 예를 들어 보면, 땀이 많이 날 때는 황기를 먹습니다. 여름에 닭고기에 인삼을 넣은 삼계탕을 먹지만 땀이 많이 나는 경우 인삼 대신 황기를 넣어 먹습니다. 식은땀을 흘리는 사람에게도 좋지만 몸에 열이 많은 사람은 적게 먹는 것이 좋습니다. 또 감기 초기에는 대파의 흰 뿌리를 삶아 먹는 것처럼 수많은 민간요법이 지금도 쓰이고 있습니다. 민간요법의 많은 부분이 《동의보감》에서 유래한 것으로, 이런 전통은 허준이 과거의 경험을 잘 정리함으로써 가능했습니다.

전염병의 전문가로 우뚝 서다

 허준이 《동의보감》을 완성한 것은 그의 나이 72세 때의 일입니다. 지금도 72세에 본격적으로 활동하는 사람이 많지 않습니다. 그러나 허준은 바로 이때부터 더욱 더 열정적으로 일합니다. 광해군이 임금이 된 뒤 허준은 1609년 마침내 복권이 됩니다. 이 과정에서 사간원의 강력한 반대에 부딪혀 어려움이 있었지만 광해군은 강력하게 밀고 나갔습니다. 누구보다 허준의 능력을 잘 알고 있고, 자신의 건강은 물론 정치적으로도 허준이 꼭 필요했기 때문입니다. 한마디로 앞으로도 해야 할 일이 많았기 때문입니다.

 1612년에 광해군을 치료한 기록이 있습니다. 이때는 다른 의원이나 침의는 언급되지 않고 오직 허준만 나옵니다. 이해 10월 2일, 무슨 병인지는 알 수 없지만 광해군은 허준과 침을 맞는 것에 대해 의논합니다. 그리고 허준이 침을 놓습니다. 침을 다 놓고 나자 허준이 말합니다.

"오래된 증세에는 한 번의 침으로는 효험을 보지 못합니다. 모레 다시 맞으소서."

"내일 맞는 것이 어떻겠는가?"

"연이어 맞으시는 것은 미안한 일입니다."

미안하다는 말은 마음이 편치 않아 양해를 구한다는 말입니다. 그러자 함께 들어갔던 이항복이 광해군에게 여쭙니다.

"치통 증세는 어떠하십니까?"

"좌우 잇몸이 모두 부은 기운이 있는데, 왼쪽이 더욱 심하다. 한 군데만이 아니라 여기저기 곪는 것처럼 아프고 물을 마시면 산초 맛이 난다."

산초는 독특한 향과 함께 매운맛이 나며 약간 쓸쓸한 맛도 납니다. 추어탕을 먹을 때 조금 넣어 먹으면 그 독특한 향과 맛을 즐길 수 있습니다. 그런데 광해군은 물을 먹어도 산초 맛이 난다고 했습니다. 이는 폐에 열이 많기 때문인데, 심장에도 열이 있는 상태입니다. 임금들은 엄청난 스트레스를 받기 때문에 심장이나 간과 같은 장부에 열이 쌓이는 경우가 많았습니다. 광해군 역시 왕좌에 오르기까지 엄청난 고난이 있었고, 임금이 되고 나서도 어려운 시간을 보내고 있었습니다.

허준은 광해군의 병을 치료하는 한편으로 내의원의 교육에 몰두합니다. 죽음을 앞에 둔 노대가(老大家)의 마지막 희망은 교육이었습니다. 자신이 배워 알고 있는 것을 후대에 전해 주는 것이야말로 영원히 사는 방법입니다. 지식을 혼자만 갖고 있다가 죽으면 그의 몸과 함께 지식은 사라지지만, 교육을 통해 전수하면 정신과 경험을 영원히 남길 수 있습니다.

그러나 당시에는 내의원에 대한 지원이 부족하여 의원을 뽑아 놓고도 교육은커녕 보수도 제대로 지급하지 못하는 형편이었습니다. 잡무만 시키니 공부할 틈이 없었습니다. 그런 상황에서 허준은 고령에도 혼자 젊은 의원들을 가르칩니다. 백발이 성성한 노인이 새파랗게 젊은 의원들에게 온 힘을 다해 가르치는 모습이 눈에 그려지는 듯합니다. 그러나 늙은 허준 혼자 계속할 수 없는 일이었고 무엇보다도 그에게는 다른 해야 할 일이 많았습니다. 결국 광해군에게 가르칠 사람을 더 뽑아 달라고 청하여 허락을 받아 냅니다.

허준이 해야 할 다른 일이란 전염병을 치료하고 예방할 전문 서적을 편찬하는 일이었습니다. 허준은 이미 몇 해 전에《언해 두창집요》를 펴낸 적이 있고, 이제 필요한 것은 발진티푸스와 성홍열 같은 더 무서운 전염병을 막는 일이었습니다. 특히 1612년부터 이듬해까지는 전염병이 크게 유행했습니다. 함

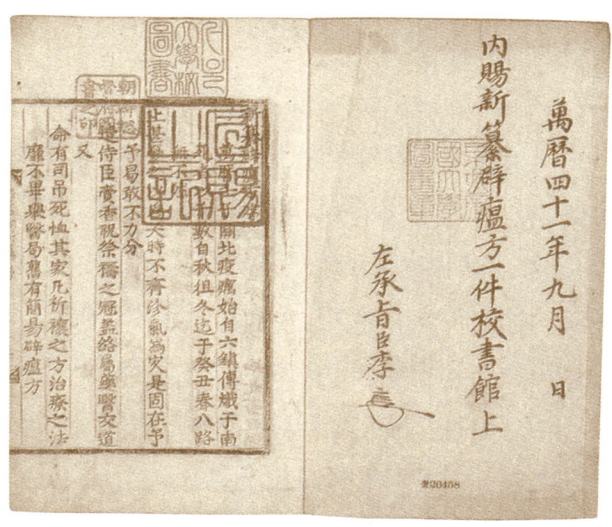

《신찬벽온방》 1612년에 허준이 함경도 지방에 유행하던 온역(전염병)의 예방과 치료법을 적은 책입니다. ⓒ 서울대 규장각

경도에서 처음 시작된 전염병은 점점 남쪽으로 내려와 전국에 퍼졌고, 수천 명이 죽었습니다. 죽은 사람의 숫자보다 더 중요한 점은 한양을 포함한 전국에 걸쳐 전염병이 돌았고, 기존 의서의 처방대로는 막을 수 없었다는 사실입니다.

전염병에 대한 기존 책들은 여러 모로 한계가 많았습니다. 그것들은 병의 치료보다는 예방에 주안점을 두었는데, 기도와 같이 효과가 거의 없는 방법을 내세운 것이 가장 큰 문제였습니다. 그런 주술적인 방법으로는 전염병을 막을 수 없고,

치료는 바랄 수도 없습니다.

허준은 기존 의서들이 갖고 있는 문제점을 정확하게 보았습니다. 그래서 주술적인 부분은 많이 줄이고 의학적인 내용을 강화했습니다. 이때에도 《동의보감》을 편찬한 경험이 크게 도움이 되었습니다. 허준은 《동의보감》의 편집 원칙을 적용해 병의 원인과 증상, 치료법, 예방법 등을 일목요연하게 써나감으로써 누구나 병에 대해 알고 치료할 수 있게 했습니다. 바로 그 책이 《신찬벽온방》입니다. 그러나 전염병 전문가로서의 허준의 면모는 여기에서 그치지 않습니다.

1612년 봄에 시작된 전염병은 1613년 봄까지 이어졌습니다. 기세가 꺾이는가 싶더니 가을부터 또 돌기 시작했습니다. 수구문(水口門, 광희문의 다른 이름) 밖에는 전염병으로 죽은 시체가 수북이 쌓였습니다. 치울 인력도 부족했지만 옮을까 봐 손을 대지 못하는 형편이었습니다. 더욱 심각한 건 이 전염병은 이제껏 보지 못한 새로운 것이었습니다. 그러니 조정에서는 기껏 제사 지내는 데 필요한 향이나 축문, 기존의 의서만 준비하는 정도였습니다. 그렇게 대처해서는 전염병을 막는 데 아무런 도움이 되지 않았습니다. 신하들도 새로운 대책을 마련할 것을 재촉했습니다. 그해 10월 25일, 예조에서 다음과 같은 상소를 올립니다.

"요즘 계절의 운행이 차례를 잃어 염병이 재앙이 되었습니다. 천행반진(天行斑疹, 온몸에 좁쌀같은 붉은 점이 돋는 병)이 가을부터 크게 성하여 백성들이 죽어 나가는데, 이는 예전에는 없던 증상입니다. 금기(禁忌)에 사로잡히거나 치료할 줄 몰라 앉아서 죽는 것을 기다리며 감히 손을 쓰지 못하고 있습니다. 백성들이 돌림병으로 일찍 죽는 것이 진실로 측은하니, 명의로 하여금 여러 의서를 널리 살피고 경험한 처방을 바탕하여 한 권의 책으로 만들어 반포케 하소서."

그러자 광해군은 이렇게 지시했습니다.

"허준 등으로 하여금 속히 편찬케 하고, 다시 기도하여 빌도록 하라."

광해군은 허준에게 새로운 의서를 편찬하라고 명령했습니다. 그런데 아직까지도 기도하라고 지시를 내리고 있습니다. 당시 전염병에 대한 인식은 그 정도로 낮았습니다. 백성들도 전염병을 전쟁이나 당쟁으로 억울하게 죽은 혼령들의 소행이라고 굳게 믿었습니다.

그런데 그 시기에 유행한 전염병을 당시 사람들은 '당홍역(唐紅疫)', '당창(唐瘡)', '당학(唐瘧)'으로 불렀습니다. 여기에서 '당'은 중국을 가리키는데, '오랑캐처럼 모질다'는 뜻입니다. 허준도 '모질고 날래고 사납고 매섭다'라고 말한 것처럼 이 병은 홍역과 비슷하지만 그보다 훨씬 독한 전염병이었습니다. 그리고 당시 의원들은 이를 '옥역(獄疫)'이라고 불렀는데, 이는 감옥에서 많이 생기기 때문에 붙은 이름입니다.

허준도 이 병에 대해 자신이 모든 의서를 다 뒤져 보아도 이름도 없고 증상도 없었으며 당연히 치료법도 없었다고 말했습니다. 그러므로 허준은 완전히 새로운 분야를 개척해야 했습니다. 허준은 "이 병은 처음 생길 때는 머리가 아프고 온몸이 쑤시며 오한이 들면서 고열이 나고 얼굴과 온몸이 뻘겋게 달아오르면서 붓고 심하게 아프며 부스럼이 생긴다. 정신이 나가면서 답답하고 조급해하며 헛소리를 한다. 심하면 미치게 되며 목구멍이 붓고 막힌다. 처음에는 병이 몸의 겉에 있다가 삼 일이 지나면 속으로 들어가는데, 그 변화가 불과 이레 사이에 일어난다."라고 썼습니다.

특히 몸에 생기는 발진에 대해 자세하게 말하고 있습니다. 왜냐하면 이 발진은 이전의 발진과는 양상이 달랐기 때문입니다. 그리고 허준이 이렇게 자세하게 쓸 수 있었던 것은 그가 직접 이 병을 관찰하고 치료했기 때문에 가능했습니다. 일흔의 노인이 전염병이 거세게 퍼진 현장에 뛰어들어 환자를 치료한 것입니다.

허준은 그 당시에 생긴 발진에 대해 좁쌀 크기로 생겨 온몸에 번지는데, 갑자기 생겼다 없어졌다 하며 그 안에 흰 고름이 잡혀 문드러져 부스럼이 된다고 말했습니다. 병을 앓고 난 뒤에는 부스럼이 모두 말라 시들어 벗겨지는데, 그 모양이 마치 뱀이 허물을 벗는 것 같다고 했습니다. 허준은 이 모든 것이 열이 심해 화가 되었기 때문이라고 보았습니다. 이것이 바로 오늘날 말하는 '성홍열'이라는 전염병입니다. 한의학에는 성홍열이라는 병명은 없습니다. 또한 병을 나누는 기준도 달라 허준이 말한 당홍역이 성홍열과 정확하게 일치하는 것은 아닐 수 있습니다. 그렇지만 허준이 서술한 당홍역의 증상을 보면 분명 성홍열 증상과 같습니다.

전염병의 역사에서 보면 성홍열을 독립된 질병으로 구분한 것은 1550년 이탈리아의 인그라시아스가 최초입니다. 그러나 이는 당시 의학적으로 그다지 주목받지 못했습니다. 그리고 허준이 성홍열을 발견한 뒤 10년이 지난 1624년에 호르스트가 성홍열을 두창이나 홍역과 최초로 구분한 것을 보면 인그라시아스의 기록은 그다지 정확하지 않았을 것입니다. 어떤 병을 다른 병과 정확하게 구분하지 못하면 그것은 임상적으로는 별 의미가 없습니다. 임상에서는 치료가 중요한데, 병을 구분하지 못하면 치료가 불가능하기 때문입니다. 성홍열이 서양에서 주목받기 시작한 것은 허준이 성홍열을 발견하고 치료한 것보다 60여 년 뒤인 1676년, 영국의 내과 의사 시드넘에 의해서입니다. 그는 성홍열에 대해 다음과 같이 썼습니다.

"피부에 작고 붉은 반점이 나타나는데, 홍역보다 더 넓게 분포하며 더 붉다. 이러한 증상은 이삼 일 동안 계속되다가 마치 고기에 밀가루를 입힌 것처럼 피부가 인설(鱗屑, 하얗게 떨어지는 살가죽 부스러기)로 덮인 채 사라진다."

오늘날은 목구멍이 아프고 열이 나면서 딸기혀가 되고, 발진이 돋는 것을 성홍열의 증상이라고 정의합니다. 이것을 허준이 서술한 내용과 비교해 보면 다른 건 일치하는데 딸기혀에 대한 언급이 빠져 있습니다. 그런데 허준은 성홍열이 오로지 심장의 화 때문에 생기는 것이라고 밝혔습니다. 심장에 화가 생기면 무엇보다도 혀가 빨갛게 됩니다. 혀가 빨갛게 되는 것은 한의학에서 심장의 화를 확인하는 의미 이상은 없습니다. 그러므로 허준이 딸기혀에 대해 언급하지 않았어도 허준이 진찰한 환자의 혀는 당연히 빨갰을 것입니다.

허준이 말한 당홍역은 오늘날의 성홍열이 분명합니다. 두창이나 홍역과 분명하게 구분한 점에서 이는 사실상 세계 최초입니다. 그러나 허준이 이 병을 다른 병과 구분해 냈다는 것이 중요한 게 아닙니다. 허준은 성홍열의 증상은 물론 원인을

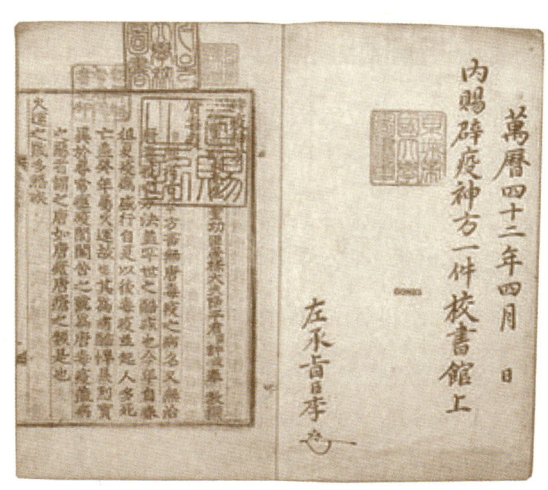

《벽역신방》 1613년에 허준이 편찬한 책으로, 당홍역의 진단과 치료법, 예방법이 적혀 있습니다. ⓒ 서울대 규장각

밝혔으며 나아가 치료법을 제시하여 수많은 사람을 살렸습니다. 그러므로 허준은 세계 최초로 성홍열을 다른 질병과 정확하게 구분했고, 그 원인과 치료법을 제시했다고 할 수 있습니다. 이는 중국에 비하면 120년이나 앞선 것입니다. 그리고 이를 체계적으로 서술한 책이 바로 《벽역신방》입니다.

《벽역신방》은 새로운 의학 내용을 담기 위해 새로운 체계로 구성되었습니다. 이제는 미신이 되어 버린 전염병의 귀신 소행설을 과감히 버리고, 자신의 소리로 풀어 갔습니다. 이는 '술이부작'의 전통이 남아 있던 당시로서는 최고의 경지에 이르지 않고서는 불가능한 일이었습니다. 이런 새로운 서술 방식에서도 허준의 자신감과 당당함을 엿볼 수 있습니다. 비록 처방은 기존의 것을 응용했지만 그 처방의 쓰임새는 완전히 달랐습니다.

그러나 아쉬운 점은 허준의 이러한 성과가 후대에 이어지지 못했고, 따라서 세계 의학계에 미친 영향도 적었다는 점입니다. 이는 허준의 문제가 아니라 후대의 책임입니다. 우리의 전통 중에는 금속활자나 측우기뿐만 아니라 세계 최초의 발명품들이 많습니다. 굳이 최초가 아니더라도 참으로 훌륭한 유산이 있었지만 지금은 그런 사실조차도 알지 못합니다. 오히려 외국의 연구자들이 우리 전통의 우수성을 밝혀낸 경우도 많습니다. 대표적으로 영국의 세계적인 과학사 연구가인 조지프 니덤은, 15세기 조선은 세계에서 가장 첨단의 천문기상대를 갖고 있었다고 말했습니다. 이는 서운관(書雲觀)을 두고 하는 말로, 오늘날에도 천문기상대의 중요성이 높지만 당시에는 그 중요성이 더욱 높아서 첨단의 기술과 학문을 갖고 있지 못하면 세계를 지배할 수 없었습니다.

16세기 허준을 대표로 하는 조선의학은 당대 세계 최고 수준이라고 해도 손색이 없습니다. 그러나 당쟁 속에서 허준의 성과는 차츰 잊혔습니다. 정조 때 강명길이 편찬한《제중신

편》은《동의보감》이후 가장 잘 정비된 의서로 평가받는데, 허준이 확립한 '정기신'이라는 틀을 버리고 기존의 중국 의서에 따라 편찬되었습니다. 허준의 전염병에 관한 연구도 포함하지 않았습니다. 허준의 '정기신'을 따른 것은 정조가 편찬한 의서인《수민묘전》이 거의 유일할 정도로《동의보감》의 정신이 희미해진 것입니다.

오늘날《동의보감》이 유네스코에 등재되고 많은 사람의 주목을 받고 있지만 진정 허준과《동의보감》의 정신은 아직도 정확하게 이해되지 못하고 있는 형편입니다.

전염병은 언제 어떻게 생기는가?

　전염병은 사람에게서 사람으로, 동물에게서 사람으로 옮기는 병을 말합니다. 서양의학에서는 전염병이 발생하려면 병원체, 감염 경로, 숙주의 감수성이 필요하다고 봅니다. 병원체는 바이러스처럼 병을 일으키는 원인을 말하고, 감염 경로는 공기나 물, 쥐처럼 병이 옮아가는 경로를 말합니다. 숙주의 감수성은 전염될 사람의 몸 상태로, 건강한 사람은 잘 걸리지 않지만 저항력이 약하거나 어린이, 노인은 전염되기 쉽습니다. 이렇게 병이 잘 옮는 정도를 '감수성'이라고 하고, 병에 잘 걸릴수록 감수성이 높다고 합니다. 병원체는 어디라도 있을 수 있는데, 우리 주위에 늘 있습니다. 무좀균은 습하고 열이 있는 곳에서 잘 자라므로 건조하거나 열이 없으면 크게 번식하지 않습니다. 여름에 땀을 흘리고 발이 젖은 상태로 있으면 무좀이 잘 생깁니다. 따라서 병원체 자체보다는 병원체가 살아가는 환경이 중요합니다.

　전염 경로도 중요하지만 무엇보다도 사람들이 가까이 모여 있어야 합니다. 전염병이 유행할 때 사람 많은 곳에 가지 말라고 하는 것도 그런 이유 때문입니다. 전염 감수성은 병원체나 감염 경로보다 더 중요합니다. 병원체나 감염 경로는 사람이 제대로 통제할 수 없지만 전염 감수성은 노력에 따라 통제할 수 있기 때문입니다. 다시 말해 병에 걸리지 않을 체력을 만드는 것이 중요합니다. 몸을 돌볼 생각은 않고 예방 접종에만 의존하려는 사람들이 깊이 생각해 볼 이야기입니다. 몸이 약해져서 전염 감수성이 높아지면 예방 접종을 한다고 해도 오히려 그 접종 때문에 병에 걸릴 수도 있습니다.

그런데 전염병을 무조건 없애야 하는 것은 아닙니다. 전염병도 진화하기 때문입니다. 병원체는 사람이 있어야만 살 수 있는데, 기생충과 숙주의 관계와 마찬가지입니다. 병원체를 죽이려고만 하면 병원체는 다른 모양으로 변하여 살아남으려고 합니다. 항생제를 개발해도 거기에 대항하는 더 강한 바이러스가 만들어지는 것처럼 병원체를 무조건 없애는 것으로는 전염병에 적절하게 대처할 수 없습니다.

이런 점에서 한의학에서는 '병(病)'을 '병(幷, 어우르다)'이라고 말합니다. 병이란 몸 안의 좋은 기와 몸 밖의 나쁜 기가 더불어 있다는 말로, 병을 없앤다고 하지 않고 병을 다스린다고 합니다. 땀이나 설사 등을 통해 나쁜 기운을 밖으로 내보내거나 서로 조화시키는 것이 한의학에서 보는 치료입니다. 결국 전염병을 예방하려면 자연에 비정상적인 변화가 생기는 환경오염에도 유의해야 하고 인구가 지나치게 밀집된 주거 형태도 피해야 하고 주변을 청결하게 해야 합니다. 자신의 몸을 건강하게 하는 것이 기본임은 말할 필요도 없습니다.

허준, 전설이 되다

허준의 삶은 치열하게 공부에 매진한 10대, 의학에 전념한 20대, 내의원에서 진료와 학습에 매달린 30대, 의서 편찬에 발을 들인 40대,《동의보감》편찬에 집중한 50대, 전염병 연구와 치료에 전념한 60대, 후학을 가르치는 데 힘을 쏟은 70대로 나눠 볼 수 있습니다. 한마디로 허준은 젊어서 이론적인 기초를 탄탄하게 쌓고 난 뒤 임상이라는 풍부한 실천을 병행하며 20여 년 동안의 경험을 의서로 정리했습니다. 그 결과가 《동의보감》이며, 이후에도 전염병이라는 새로운 영역에 뛰어들어《벽역신방》이라는 새로운 창조물을 내놓았습니다.

그러나 이러한 위대한 성과는 이후 제대로 발전되지 못했습니다. 그동안 한의학계에서 전염병에 대해 별다른 연구를 하지 않은 탓입니다. 앞으로도 전염병은 발병할 것입니다. 그런데 근대 서양의학은 병의 원인이 되는 균이나 바이러스를 찾지 못하거나 찾았다고 해도 그런 균을 죽일 수 있는 방법이 없으면 병을 치료할 수 없습니다. 그러나 한의학은 균이나 바이러스에서 병의 원인을 찾는 것이 아니라 병의 증상을 보고 독자적인 원인을 찾습니다. 그것은 풍한서습조화(風寒暑濕燥火)와 같은 외부의 원인일 수도 있고, 내부의 다른 원인이 겹쳐 있을 수도 있습니다. 따라서 그런 원인만 알 수 있으면 한의학에서는 어떤 새로운 병이라도 치료할 가능성이 있습니다. 병을 일으키는 균 하나하나를 잡는 것이 아니라 그런 균이 일으키는 몸을 중심에 놓고 원인을 찾아 치료하는 원리입니다. 이러한 한의학의 장점을 잘 살린다면 앞으로 어떤 전염병이 돌더라도 대처할 수 있을 것입니다.

허준이 찾은 성홍열 치료약도 기존에 있던 것을 약간 바꾼 것에 불과합니다. 허준은 병의 증상을 보고 원인을 정확하게 찾았고, 처방은 기존의 처방을 응용했습니다. 기존의 처방은 성홍열에 쓰는 것이 아니었지만 증상이 다르더라도 병의 원인이 같으면 처방도 같을 수 있다는 원칙에 따라 처방을 내렸습니다. 바로 이런 점이 한의학의 특징이자 장점입니다.

인간의 한계를 넘어 집념 어린 노력을 한 사람, 사회의 편견을 뛰어넘는 용기를 가진 사람, 어떤 위험에도 새로운 분야를

백성의 건강을 위해 일생을 바친 허준은 죽어서
파주에 묻혔습니다. ⓒ 파주시청

개척하려는 의지를 굽히지 않은 사람, 주위의 온갖 비난과 노
년의 유배라는 난관을 꿋꿋하게 헤쳐 나간 사람, 죽음을 무릅
쓰고 환자를 치료한 사람, 허준은 1615년 11월에 77세로 세
상을 떠났습니다. 한때는 조선 전체에 명성을 떨치던 명의였
지만 그의 죽음을 기억하는 사람은 없었습니다.

　허준은 죽은 뒤 민중 속으로 들어갔습니다. 민중들은 위대
한 의사 허준을 자신들의 영웅으로 만들었습니다. 허준과 관
련된 일화가 민중 사이에서 널리 퍼져 나갔습니다. 허준은 전

설이 된 것입니다.

《동의보감》 출간 이후 한의학은 더 이상 발전이 없었다고 할 만큼 《동의보감》과 허준의 존재는 엄청난 무게를 지닙니다. 한의학계로서는 허준과 《동의보감》을 뛰어넘어야 하는 과제를 안게 된 것입니다. 《동의보감》은 지금까지도 한의대의 교재로 쓰이고, 한의사들이 임상에서 절대적인 기준으로 삼고 있습니다.

허준 이후의 한의학 서적은 《동의보감》을 새롭게 편찬하거나 거기에 새로운 임상 경험을 덧붙이는 식으로 발전했습니다. 이는 수천 년 이어온 의학의 거대한 물줄기가 허준이라는 큰 호수에 모여 다시 작은 강으로 갈려 나가는 것에 비유할 수 있습니다.

그러나 일본의 식민지 지배로 한의학은 탄압받기 시작했고, 이런 상황은 광복이 되자 더욱 심해졌습니다. 광복과 더불어 미국이 군사 지배를 시작했기 때문입니다. 미국은 자신들의 의료 제도와 의학을 적극적으로 한국에 도입했습니다. 상대적으로 한의학과 한의사는 제도권에서 밀려나게 되었습니다. 급기야 1949년 제헌국회가 개회되고 전쟁이 한창이던 1950년, 보건행정법안이 제출되었습니다. 이 법안에서는 양의사만 의료인으로 인정해 한의사는 의사가 될 수 없었습니다. 그러자 이에 반발한 조헌영의 반대로 겨우 법안을 폐지하게 되어 한의학이 말살되는 사태는 막을 수 있었습니다. 이후에도 한의학에 대한 정책적 억압은 계속되었고 그에 따라 허준과《동의보감》도 점차 잊히는 듯했습니다.

제도권에서는 밀려났지만 한의학은 민중 사이에서 꾸준히 사랑받았습니다. 많은 사람이 일반 병원에 가기보다는 한의원을 더 좋아했습니다. 또한 허준에 관한 드라마가 전 국민에게 큰 사랑을 받았습니다.

1975년에 허준의 일대기를 다룬 〈집념〉이라는 드라마가 전국적인 사랑을 받았는데, 오늘날 흔히 알고 있는 허준의 이미지는 대부분 그 드라마에 따른 것입니다. 이은성 작가는 드라마 대본을 기초로 소설을 쓰기 시작했습니다. 드라마와 소설은 허준을 널리 알린 공은 있지만 허준이 해부를 했다든지 과거에 급제했다든지 잘못된 부분도 많습니다. 그럼에도 허준과《동의보감》에 대한 전 국민적인 관심을 끌어냈다는 점에서 가치가 큽니다.

또한 1967년, 거의 혼자 힘으로《동의보감》을 번역한 허민의 번역본 또한 많은 사랑을 받았습니다. 집계된 통계는 없지만 그 책이 꽂혀 있지 않은 집이 없다고 할 정도로 많이 팔렸습니다. 우리나라에서 나온 책 중에 최고의 베스트셀러는《동의보감》이라고 말하는 사람도 많습니다.

　마침내 1980년대 말에 이르면 한의학은 전 국민의 관심사로 떠오르게 됩니다. 그리고 지금은 과거의 '한의학(漢醫學)', '한방(漢方)'이라는 말을 벗고 우리 의학이라는 뜻의 '한의학(韓醫學)', '한방(韓方)'이라는 이름을 달고 제도권에서도 점차 자리를 넓혀 가고 있습니다. 허준과《동의보감》에 대한 관심과 연구도 늘어 전에 비할 수 없이 활발한 상태입니다.

　그렇지만 정작 우리가 허준과《동의보감》의 정신을 제대로 이해하고 있는지, 허준과《동의보감》을 넘어설 실력을 갖추고 있는지는 의문입니다. 왜냐하면 그동안 허준과《동의보감》에 대해 잘 모르는 부분이 많았기 때문입니다. 그러므로 허준과《동의보감》에 대한 연구는 이제부터 시작이라고 해도 좋을 것입니다. 그리고 그것은 바로 우리의 몫입니다.

허준의 발자취

1539년 1세
경기도 파주(또는 양천)에서 허론의 서자로 태어났습니다.

1569년 31세
유희춘의 천거로 내의원에 들어갔습니다.

1573년 35세
내의원에서 가장 높은 지위인 정3품 내의원정에 올랐습니다.

1578년 40세
《신간보주동인수혈침구도경》을 선조로부터 하사받았습니다.

1581년 43세
《찬도방론맥결집성》 교정을 끝냈습니다.

1590년 52세
광해군의 두창을 치료하여 당상관 통정대부가 되었습니다.

1592년 54세
임진왜란이 일어나자 선조를 따라 의주로 피난 가 선조의 건강을 극진히 보살폈습니다.

1596년 58세
선조의 명을 받고 《동의보감》 편찬을 시작했습니다.

1600년 62세
양예수의 뒤를 이어 수의(首醫)가 되었습니다.

1601년 63세
《언해태산집요》, 《언해구급방》, 《언해두창집요》 저술을 마쳤습니다.

1604년 66세
임진왜란 때 선조를 보살핀 공을 인정받아 호성공신 칭호를 받았습니다.

1606년 68세
선조의 병세가 좋아져 정1품 보국숭록대부를 하사받았으나 당상관의 문관이 받는 위계라는 이유로 대신들이 반대해 철회되었습니다.

1608년 70세
선조가 승하한 책임을 지고 의주로 귀양 갔습니다. 《언해태산집요》, 《언해두창집요》가 출간되었습니다.

1609년 71세
귀양에서 풀려나 복직하여 광해군의 병을 돌봤습니다.

1610년 72세
긴 연구 끝에 《동의보감(25권 25책)》을 완성하고 말을 하사받았습니다.

1612년 74세
내의원에서 후학을 가르치고, 《신찬벽온방》, 《찬도방론맥결집성》을 출간했습니다.

1613년 75세
《동의보감》, 《벽역신방》이 출간되었습니다.

1615년 77세
세상을 떠나 고향인 파주에 묻혔습니다. 정1품 보국숭록대부 양평부원군에 추증되었습니다. 경기도 파주시 하포리의 민간인통제구역(DMZ) 안에 묘소가 있습니다.